职场会说话

新励成◎主编

SPM 南方传媒 | 广东人民出版社

·广州·

图书在版编目（CIP）数据

职场会说话 / 新励成主编. 一广州：广东人民出版社，2024.6
ISBN 978-7-218-17641-3

Ⅰ. ①职… Ⅱ. ①新… Ⅲ. ①人际关系学 Ⅳ. ① C912.11

中国国家版本馆 CIP 数据核字（2024）第 107619 号

ZHICHANG HUI SHUOHUA
职场会说话

新励成 主编

出 版 人：肖风华

策划出品：翰图文化
责任编辑：严耀峰
特约编辑：文治国
责任技编：吴彦斌
封面设计：汤锦明
装帧设计：杨 鑫

出版发行：广东人民出版社
地　　址：广州市越秀区大沙头四马路 10 号（邮政编码：510199）
电　　话：（020）85716809（总编室）
传　　真：（020）83289585
网　　址：http://www.gdpph.com
印　　刷：咸宁市国宾印务有限公司
开　　本：787 毫米 ×1092 毫米 1/16
印　　张：8.5　　　字　　数：135 千
版　　次：2024 年 6 月第 1 版
印　　次：2024 年 6 月第 1 次印刷
定　　价：68.00 元

如发现印装质量问题，影响阅读，请与出版社（020-87712513）联系调换。
售书热线：（020）87717307

前言

职场会说话有多重要?

在工作时我们偶尔会发现，那些工作态度积极、业务能力强的人，升职加薪的速度却比不过一些“会说话”的人。这可能会让我们感到困惑，难道在职场上生存必须要学会“花言巧语”吗?

现实生活中，只懂得埋头干活、不懂得表达的人在职场上非常吃亏。那么，是不是只要在职场上多说话就可以了?其实不然。职场“会说话”指的是我们要学会沟通，而不是碎嘴，也不是油嘴滑舌，我们要把话说到对方心坎里，通过说话把事办成。

我们可以想象以下情形:

你进入公司大半年，但是和同事都不太熟悉，迎面见到也只能低头玩手机避开;在部门会议时你突然被老板点名发言，你支支吾吾不知所云，老板听了直摇头……

如果你是老板，恐怕也不会对这样的员工委以重任吧!所以，在职场上想要升职加薪，最重要的就是掌握沟通的技能。

职场如何会说话？

很多人在职场中工作能力并不差，但就是不懂得如何正确地沟通，总是莫名其妙得罪人；而有的同事，无论跟他说什么，都能让你感觉如沐春风，为什么会这样呢？

根本原因在于，双方的职场表达影响力差距太大了。简单来说，职场表达影响力强的人在任何职场沟通场景里都可以如鱼得水，达成自己的沟通目标；而职场表达能力弱的人，每一个职场沟通场景对他来说都是难如登天。

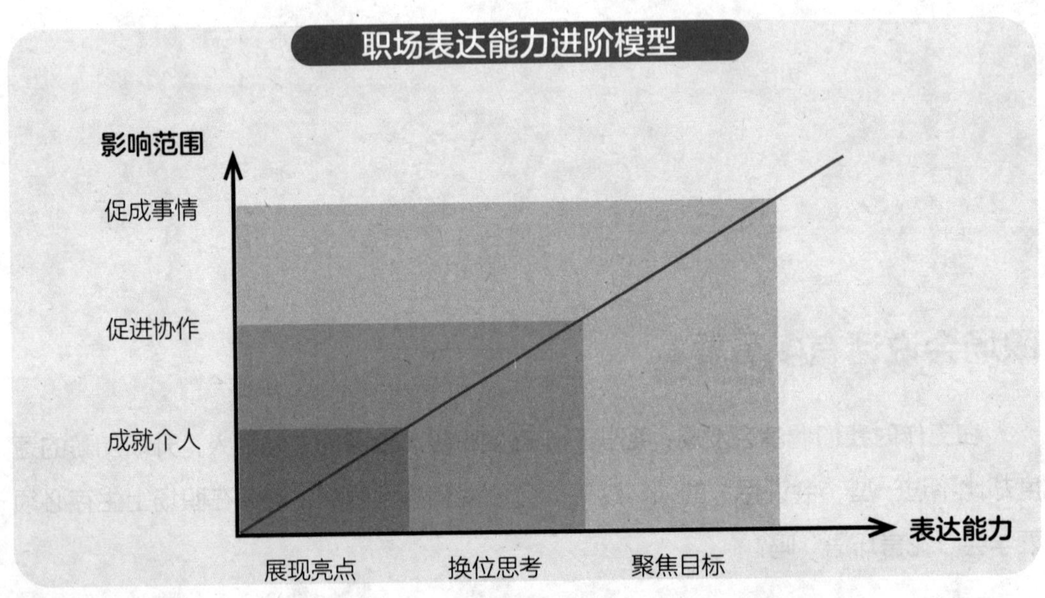

职场表达能力模型依据我们职场表达能力的强弱分了三个阶段，我们的表达能力越强，在职场上的影响范围就越广，也更能促进我们的成功。这三个阶段分别是：

展示亮点，成就个人

在职场中，一次成功的表达首先需要着眼于成就个人。我们从进入职场的那一刻开始，就离不开职场沟通环境，各种各样的场景都需要我们会说话，比如面试、入职、与同事相处、部门会议、晋升答辩等，在这些场景中，怎么说出自己的亮点从而让别人认可我们显得尤为重要。

这个阶段的核心在于展现个人价值，我们要通过清晰、自信的表达向他人传达出我们的专业素养、经验和成就。如果我们的职场表达能力较弱，他人可能会对我们的能力产生怀疑，从而影响到我们在团队中的角色和职业发展。

从学校毕业、进入职场的那一刻开始直至退休，你都离不开职场沟通环境。从开始面试，到进入到新的公司和新同事打成一片，再到部门会议、晋升答辩等，各种各样的场景都需要“会说话”。每一个沟通场景都是围绕着你个人目标来的，如何拿到心仪的 offer、如何快速融入新团队开展工作、如何竞聘成功等，都考验着我们个人的表达能力。在这些场景中，怎么说出自己的亮点，让别人认可你，显得尤为重要。

在这一阶段，除了言辞上的表达，我们还要有自我推销的能力，要巧妙而自信地展示自己的优势，从而在职场竞争中脱颖而出。

换位思考，促进协作

在职场中，成功的表达不仅要展示个人能力，还需要注重促进协作。这个阶段的核心在于换位思考、理解他人的观点和需求，从而建立更加紧密的合作关系，所以我们需要注重的是对他人的倾听和理解，而非自己的陈述。

相信很多人年少时都觉得工作就是完成自己的个人任务，出来工作以后才发现，职场 99% 的工作内容都需要和他人协作完成，这也导致了很多矛盾的发生。我们和他人的沟通之所以出现矛盾，主要是每个人都有自己的想法，当双方都想强硬地说服对方的时候，矛盾就产生了。所以我们在沟通过程中需要换位思考，即站在他人的角度理解他人的想法再进行沟通，从而促进工作顺利推进。

在这一阶段，我们要有倾听的能力，还要以积极、建设性的方式表达意见，只有这样才能与他人建立良好的沟通关系，避免冲突和误解。

聚焦目标，促成事情

成功表达的重心在于聚焦目标，审时度势。这个阶段的核心在于抓住沟通的重点，在特定情境下灵活运用沟通策略。只有找对沟通的重点，双方在合作时才不会偏离重心，工作才可以顺利完成。

在这一阶段，除了聚焦自己的沟通目标，我们还强调自身的应变能力。我们需要具备敏锐的观察力，能够在变动的情境中迅速做出反应，避免因沟通不当而错失重要机会甚至使自己面临困境。

本书将围绕“职场表达能力进阶模型”的三个阶段，通过呈现多个职场沟通困境的表达思路，帮助大家一步步提升职场表达影响力。书中会对每一个具体场景进行拆解，并教给大家具体的沟通心法，涵盖初入职场、部门会议、晋升答辩、宴会饭局等 20 大场景，相信跟着本书学习到最后，我们的职场表达影响力也会有质的跃升。

CONTENTS

目录

第一章

展现亮点，成就个人 /001

导读：会说话的人在职场走得更远 /002

面试应答怎么说才能留下好印象 /004

初入职场如何通过闲聊快速融入集体 /013

如何在日常工作中，让老板看到我们的付出 /017

部门会议上被提问时如何即兴发言 /023

竞聘述职怎么说才能体现出差异化 /029

宴会场合如何迅速让对方记住我们，链接人脉 /036

第二章

换位思考，促进协作 /041

导读：职场换位思考：说到对方心坎，促进协作 /042

工作犯了错，如何有效道歉 /044

轻松开口，高情商拒绝附加需求 /049

适当批评，虚心接受助成功 /054

职场被抢功，如何有效应对 /059

职场有难，如何巧妙求助 /065

跨部门协作，如何高效沟通 /071

第三章

聚焦目标，促成事情 /077

导读：有效沟通，让表达促成事情 /078

如何正确指出下属的错误 /081

如何有效表扬下属 /087

如何调节职场关系中的冲突矛盾 /093

如何做好绩效面谈，促进员工自我提升 /100

如何做好老客户关系日常维护 /107

如何有效地向客户推销产品 /114

如何正确处理客户投诉 /122

第一章

展现亮点，成就个人

面试应答怎么说才能留下好印象

初入职场如何通过闲聊快速融入集体

如何在日常工作中，让老板看到我们的功劳

部门会议上被提问时如何即兴发言

竞聘述职怎么说才能体现出差异化

宴会场合如何迅速让对方记住我们，链接人脉

■ 导读

会说话的人在职场走得更远

职场展现亮点：成就个人，实现目标

身在职场，谁都希望自己能在上司心里有点分量，但更多时候我们会发现，无论我们怎样努力，似乎都难以让上司真正看到我们的付出和成果。明明在吭哧吭哧干活，上司还是觉得我们的工作不饱和，或者做事没有用心。其实在职场中这种“看不见”是一个“普遍”现象，那么应该如何让上司看到我们的价值，记住我们的努力呢？

心理学上面有个概念叫做“峰终定律”，指的是：我们的体验记忆由高峰和结束时的感觉两个因素决定，无论是好的还是不好的，我们感受最深的那刻将会定性我们对这次体验的印象，这里的“峰”与“终”其实这就是所谓的“关键时刻”。

很多大公司在设计自家产品体验的时候，都会注重在高峰和结尾上去打造极致的体验，比如每一个去过迪士尼的人都会对它念念不忘。我去过一次迪士尼，那边人山人海，玩任何项目都要排很久的队，一整天下来非常疲惫，但是如果有人问我迪士尼怎么样，我一定会说非常好玩。因为迪士尼晚上的烟花秀太美了，美到让我忘记白天的疲惫和排队时的无聊，这就是我在迪士尼里面的“关键时刻”，而迪士尼在这个时刻给我留下了好印象。

如果我们把自己当成一个产品，职场生涯就是不断推销自己的过程，那么我们是不是也要抓住关键时刻，打造自己的峰值体验呢？因为决定我们能不能升职的上司并不可能一整天都围着我们转，了解我们的工作细节，就像迪士尼没有办法保证每一个游乐设施都能满足游客一样。所以在一些关键的场合和时间节点，我们要向上司展现我们的亮点。

本章将围绕职场里面 6 个能展现个人价值的场景进行分析，从而帮助大家学会如何通过沟通表达呈现自己的亮点，让我们在关键场合脱颖而出，让上司认可我们的努力。

面试应答怎么说才能留下好印象

❶ 案例故事 ❷ 面试应答 10 大经典问题

案例故事

面试作为我们职场表达的第一站，表达的成功与否直接影响到我们的职业生涯，关系到我们能不能有更高的薪资或者能不能去到更好的平台。在面试的过程中，我们的表达能力是非常重要的影响因素，我们既要让面试官认可自己，也要考察好这个工作岗位能否达到我们的预期。这个环节难倒了很多人。

我大学刚毕业，第一次去面试的时候，HR（人力资源）问我："你未来 5 年的职业规划是什么？"我脱口而出："我希望 5 年内能做到 XX 岗位的总经理。"说完我就觉得不对了，只见 HR 皱了一下眉头，接着问我："这个目标可不小，你有什么具体的规划来实现呢？"这时候我愣住了，脑子一片空白，只能下意识地说了一些空话回答。这场面试当然失败了。

当我工作几年后，开始面试别人的时候才明白问题所在。很多人在面试应对环节要么没有理解清楚面试官问题背后的目的，答非所问；要么没有提前做好准备，回答得毫无逻辑。我第一次面试的时候这两个雷区都踩了。

其实面试官问的每一个问题都有自己的目的，我们只需要说出他想听的话就可以了。我根据几个 HR 朋友的意见加上自己的经验，整理出了大部分面试者回答不好的 10 个问题及回答模板，接下来，我将带大家一一拆解这 10 个问题的回答思路。

面试应答 10 大经典问题

为什么从上一家公司离职

在上一家公司的工作经历对于每一个职场人来说都非常重要，离职的原因也是多种多样，但无论如何我们都要保持正面的态度，避免在被问到和上一家公司有关的问题时犯错。在这里，我可以给大家一些如何应对这种问题的建议。

第一，不要抱怨上一家公司。即使有时我们会对上一家公司有些不满，也不要在面试中表达出来，如果我们在面试时一直说上一家公司的缺点，面试官会因此觉得我们爱抱怨，对我们的印象会大打折扣。相反，我们可以用一些积极的语言来描述离职的原因，例如在公司得到了成长的机会、遇到了职业瓶颈等。

第二，突出自己的努力和贡献。回答这个问题时，我们可以着重陈述在上一家公司的表现和贡献，以及在公司中获得了哪些机会和挑战，这样可以展现出我们的能力和价值，让面试官对我们更加感兴趣。

这里可以套用以下公式：

【上一家公司带来了成长的机会 + 委婉地说明原因 + 所以离开了】

具体的表达可以参考：

上一家公司其实给我带来了很多锻炼和成长的机会，但是因为公司计划有调整，这边板块没有做了 / 职业遇到瓶颈，希望有新的发展 / 公司搬迁 / 自己搬家 / 不符合自己的期望……所以离开了。

总之，我们回答为什么从上一家公司离职的问题时需要慎重考虑，避免抱怨上一家公司，突出自己的努力和贡献，保持真实和诚实，这样才能给面试官留下好的印象，获得更好的职业机会。

为什么想加入我们公司

当面试官问“为什么想加入我们公司”时，就像情侣之间问“你喜欢我什么”一样，我们需要给出具体、真诚的回答。为了回答这个问题，我们需要提前了解应聘公司的背景和职位的相关信息，在面试时重点强调和描述自己与该职位相匹配的工作经历和能力，告诉对方选择我们是最正确的决定。我们可以展示自己对行业和公司的了解，这会告诉面试官我们有备而来，并且有自己的思考和理解。

回答这个问题时，可以采用这样的公式：

【行业好 + 公司好 + 岗位符合自己的期待】

例如：“第一，贵公司所处的行业是未来的发展趋势，并且目前正处于上升期，我认为其中蕴含着巨大的机遇。

“第二，贵公司的业务虽然已经有一定的发展，但在某些方面与一线城市或领头企业相比仍有差距，这意味着还有很多发展的空间。

“第三，我希望能够深入发展的方向与贵公司的岗位相符合。

“结合以上几点，我非常希望能够加入公司，与公司的业务和产品共同成长。”

如果面试官进一步询问我们对行业的了解，我们同样可以采用这个公式：

【行业好 + 公司好】

例如：“我觉得在 XXX（行业）向好的情况下，XXX（公司的具体业务）也有着很好的发展前景。”

如果是 HR 先找的我们，可以说：“我接到了 HR 的面试邀请后，很认真地去了解了您公司的业务，觉得这是一个很不错的发展方向。”

在回答面试官的问题前，我们需要去了解清楚行业和公司的内容，回答时可以分点阐述，但一定要说到点子上。这样既能展现我们的专业能力，又能让面试官感受到我们的诚意和热情。

你在上一家做的印象比较深刻的项目 / 活动

一般来说面试官会强调要我们讲成功还是失败的案例，面试官问这类问题主要是考察两点：第一，听我们的相关经验是否能证明我们的能力与岗位匹配；第二，听我们的逻辑是否清晰。

这里可根据 STAR 原则进行描述：

情境（Situation）：背景 + 成果。

任务（Task）：我负责什么。

行动（Action）：我遇到了什么困难 + 我怎么解决的困难。

结果（Result）：活动达到了目标 + 我学习到了什么。

STAR 原则其实就是要我们把自己的项目经历以讲故事的形式讲给面试官听，同时还可以多用数据让自己的回答更有说服力。

这里可以参考一个叙述公式：

【背景 + 成果 + 我负责什么 + 我遇到了什么困难 + 我怎么解决的困难 + 活动达到了目标 + 我学习到了什么】

例如："印象比较深刻的是去年做的一次 XX 活动。我们希望能够 XX（活动目的），组织了一次 XX 活动，当时 XX 人参加了活动，活动成果 XX（展示数据）。我当时主要负责 XX 的环节，当时碰到了两个困难的点（根据自己负责的环节挑 2-3 个点来说）。第一个是 XX，我做了 XX，解决了问题；第二个是 XX，我做了 XX，解决了问题。那次活动反响很不错，大家都玩得很开心，活动效果很好，所以是一次印象深刻 / 成功的活动。"

如果活动失败了，我们就讲一下失败的原因，并告诉面试官自己下一次会怎么改进。不要害怕说出自己的错误，展示自己有思考就可以了。说完后，可以向面试官请教怎么做会更好。

你未来 3-5 年的职业规划

这道题难倒了初出校园的我，后面我发现，在面试官问及这个问题的时候，很多候选人都答不好。其实这道题主要考察的是候选人对自己未来发展的设想以及对职业生涯的规划能力，除非是目标非常明确或者有多年工作经验的职场人，不然很难回答清楚这个问题。那么怎么说才能回答好这个问题呢？这里给大家一个回答的公式：

【有思考 + 肯努力 + 爱学习】

有思考：介绍自己基于目前的实际情况来设计的规划。

肯努力：强调自己在工作时积极主动，乐于与他人合作，也希望成为优秀的管理者，为单位做出更大贡献，获得双赢。

爱学习：介绍自己会在专业领域做进一步学习和研究，为自己的职业成长打好基础。

可以参考以下回复："首先，我认真思考过这个问题，我的规划是基于目前的实际情况来设计的，不是凭空想的，但我毕竟刚毕业 / 工作时间不长，经验还欠缺。

"其次，在工作方面，我会积极完成工作任务，积累各方面的经验，让自己成为这个领域的专业人士，也希望有机会能够带领团队，成为优秀的管理者，为单位做出更大贡献。

"最后，在学习方面，我打算在专业领域做进一步学习和研究，将实践经验与专业知识相结合，为自己的职业成长做好铺垫，打好基础。"

注意：回答这个问题是要强调我们的稳定性和会踏实工作的态度，重点在工作技能方面的提升与内在积累，不要描述外在的东西，比如职位、薪资等。

你觉得你自己有什么优点 / 缺点

这个问题主要考察候选人的自我认知能力，个人优点是否符合岗位要求。

这里有三点要注意：

第一，不宜说自己没什么优点，恰恰要借这个机会，让面试官了解你的突出优势和长处。

第二，不宜说自己没有缺点，只要是人就有缺点，这么说一定会令人反感。

介绍缺点时，可以说自己年轻经验不足、有些着急、对待效率低下的人缺乏耐心等。

第三，介绍优点时，要适当谦虚，可以利用量化的业绩证明自己的优点。如：

我最大的优点是工作执行力强，我希望尽快把手中的工作和任务完成，但这可能也是我一个缺点，因为这样会导致我不能很好地去协调工作和生活的关系 / 会有点不太会调节压力。我还有一个优点是学习能力比较强，对新鲜事物感兴趣，很愿意充实自己，比如最近在学习 XX，毕竟这也是做这一行必须具备的能力。

第一，我最大的优点是肯思考、知错能改。我刚毕业，经验不足，我会积极完成工作，积累各方面经验。第二，我最大的缺点是性子急，对待效率低下的人缺乏耐心，但是我平时和别人聊天的时候会控制自己语速，慢慢培养自己耐心，避免浮躁（遵循避重就轻的原则）。

注意：利用我们的优点改正我们的缺点，比如，我们可以说自己工作时追求细节，导致项目无法按时完成，但可以通过时间管理解决。一定不能说对应聘岗位来说是硬伤的缺点，比如我们应聘的财务岗位，但是我们跟面试官说自己的缺点是粗心，那就是很致命的缺点。

如果你入职了，会怎么去做这个工作 / 你的工作有什么优势 / 对如何开展工作有什么想法

这里就是问我们是否对应聘的岗位认真地了解和思考过，可以围绕我们的具体岗位讲几个自己会去尝试的点，或者只是讲个大体的思考。如果要讲具体的，一定要做好准备，说错了很容易踩雷。

可以参考这个公式：

【明确目标 / 方向 + 梳理迭代制订计划 + 团队协作】

例如："作为团队的新人，我会先和上级领导沟通，了解部门目前正在进行的工作，目标是什么，我要负责的是什么（熟悉业务）；

“下一步我将根据老板的要求制订详细的工作计划提交给老板，并说明自己的思路，听取老板有效的建议，尽量不做无用功（制订计划），执行期间定期向老板汇报工作进度，给予反馈沟通（有效反馈形成闭环）；

“我在团队中也将了解人员架构和工作内容，确保快速定位及配合，进而提高整体团队的工作效率（团队协作）……”

这里拿运营岗为例，给大家一个具体的参考：“首先我会对公司全平台账号统计汇总，熟悉账号内容、用户画像及各项关键性指标数据；接着我会做市场调研和竞品分析，快速定位账号问题，并给出详细解决方案，制订全平台账号内容更新指南、爆款选题集、进度表汇总等，报备老板批准并执行；我也将对部门其他同事做工作职能的了解与配合，在具体执行方面，我将采用复盘及迭代的方式，确保每一次都有进步。”

面试中每一个问题都有它背后的深意，我们在回答这个问题的过程中要体现我们对工作的积极性和处事的逻辑性，以及我们对未来如何开展工作的思考。

你怎么看待加班？

这道题属于“送命题”，是面试官给我们挖的坑。这道题主要考察的是候选人的责任心和职业道德，过往其他候选人的面试答案也是五花八门：

“我接受一定强度加班。”

“我不愿意接受无意义加班。”

“没问题，随时都可以加班。”

这里给大家一个参考答案：“第一，我知道任何一家单位都有可能要加班；第二，如果是我自身的工作任务没有完成，加班是理所当然的，当然，我会不断提高专业技能，尽量减少不必要的加班，我之前也是这么做的；第三，如果遇到紧急任务或突发情况需要我加班，我会尽己所能，希望能够尽快顺利地完成团队面临的任务。”

注意，回答这个问题时我们需要表现出自己愿意牺牲自己的一部分个人时间或者提升个人能力，为公司创造更多利益；同时也表明自己态度，不加无谓的班。

你对薪资有什么要求？

这个问题是我们整场面试的重头戏，面试官问这个问题主要是判断候选人对薪资待遇的要求是否与单位能够提供的标准相匹配。很多人在讲到这一块的时候总是说不好，报多了又担心面试官觉得自己心比天高，报少了又觉得不甘心。

我们可以参考公司招聘界面上展示的公司给这个岗位开的薪资范围去确定自己想要的薪资，然后可以这样说："我在招聘网站上看到这个岗位的薪资是在 10-15K，我目前工作的薪资是 12K，我希望在此基础上，有 20% 左右的涨幅，这个涨幅应该是在贵司的预算范围之内的，当然，如果有其他如学习机会、晋升机会等，我也会综合考虑。"

一般职场人跳槽后的工资涨幅是在 15%-30% 之间，我们可以根据企业的预算和涨幅的标准去确认最终心仪的薪酬范围。

目前有拿到其他公司的 Offer（录用函）吗？

在面试过程中，当面试官问及我们是否已经收到其他公司的 Offer 时，我们该如何回答？这是一个很关键的问题，因为它直接涉及到面试官对我们的职业规划和市场价值的判断，所以回答这个问题时我们需要慎重考虑，既要展示自己的市场价值，又不能过于炫耀或过分透露信息。

如果我们手上确实有其他优质 Offer，可以适当地提及一两家行业知名度较高的公司，但不要全盘托出；如果我们手上没有其他 Offer，我们可以诚实地告诉面试官，这是自己参加的第一家面试，或者可以说："最近我才开始陆续参加面试，现在也有一些公司进展到最后环节了，但 Offer 还在洽谈的过程中。"这样既展示了我们的市场价值，又不会让面试官觉得我们只面试了一家公司。

如果我们有其他 Offer，但是都不太好，我们可以告诉面试官："目前我手上虽然有一些 Offer，但是它们在职业前景方面都不太符合我的规划，所以我还在继续看机会。我更希望加入一个有向上发展空间、晋升机制合理的工作平台。"这样既展示了我们的市场价值，又表明了自己对未来职业发展的期望。

当面试官继续追问我们其他 Offer 的价格时，千万不要透露，因为目前我们还没有被确定录用，价格说得太高或太低都可能影响面试官对我们的判断。我们可以说："薪资确实很重要，但这不是我最看重的部分，我更期待加入一家能够长期发展的公司。我们可以先确认我是否合适的人选，再谈薪资也不迟。"

总之，在回答这个问题时，我们一定要把握好度，既要展示自己的市场价值，又要避免过于炫耀或透露过多信息，同时注意面试官的反应和提问，灵活应对。面试是一次对话和展示自己的机会，我们需要用自己的实力和表现来说服面试官录用我们。

你还有什么想问的?

最后一个问题稍不注意也容易踩雷。我们在向公司提问时，除了要了解公司的基本情况，还要向公司展现出我们的专业性。不要问得太细，也不要问得太空。太细的比如福利、上班时间、上班地点，会显得我们看工作好像只看这些；太空的比如公司战略、项目目标，会显得没有意义。我们要问些实际性的，比如：岗位负责的具体工作内容、对接的部门有哪些、岗位的晋升机制、老板对自己这个岗位的期望、公司是否有培训等实际性问题。

参考的话术有："我来公司之前对咱们这个岗位做了一些调研，有一定的了解，但是我担心自己的调研还不够到位，所以想了解一下这个岗位具体的工作内容是什么呢？"

对方回答后，我们再提出下一个问题。

以上是我去面试时被问得最多的 10 个问题，我会提前念熟回答每个问题的稿子，再脱稿演练，用手机录音，一遍一遍地听，不断改正，一直练习到能保证被别人问到这些问题时都能脱口而出。只要多练习、多准备，我们一定能在面试应答环节展现个人亮点，成功拿到心仪的 Offer。

初入职场如何通过闲聊快速融入集体

❶案例故事 ❷自我介绍的重要性 ❸自我介绍的模板 ❹职场破冰的方法

案例故事

这一节我们来讲讲初入职场的沟通场景。很多人会觉得初入职场的沟通不重要、待的时间久了就可以融入到新团队了，等等。这里给大家讲一个故事。

我们部门有一个女生，叫做敏敏，是个内向温和的女孩子。敏敏入职第一天，她的主管让她做自我介绍的时候，她怯生生地说："大家好，我叫敏敏，我来自江西，擅长画画和摄影还有图片后期，初来乍到，请大家多多关照。"我一听，心想这是个多才多艺的小姑娘，就是有些内向。

敏敏来了两个月，也不跟其他同事聊天，吃饭也是一个人吃，工作也是默默的。有次我和她的主管闲聊，她的主管说："敏敏一直很孤僻，独来独往，完全融入不了集体，给她分配合作型的工作，她也不能很好地处理。"

敏敏一直保持这个状态，后面转正了也一直是部门的小透明，同事有杂活就会找她帮忙，她的主管也没有安排很核心的工作给她……

我对敏敏印象深刻是因为她初入职场就犯了两个错误。一个是不懂得打造自己的职场人设，另一个是不懂得如何通过闲聊快速融入集体。究其原因，就是职场新人们在初入职场的时候给新公司的同事树立了一个“小白兔”形象，以至于其他同事觉得他们人“好”，叫他们做什么事情都不会拒绝。

自我介绍的重要性

我们入职时，一般来说主管会带着我们在整个部门走一圈，跟老同事以及大老板介绍新员工，这个时候我们要准备好自我介绍。很多人会忽视这个环节，直接把自己的爱好、技能通通说出来，结尾还要说“我不太懂业务，未来请大家多多包涵”。其实这样说话会显得我们太过随意，容易让同事们觉得我们不专业。为什么这么说呢?

心理学上有个概念叫做“首因效应”，是指人在认知过程中通过“第一印象”最先输入的信息对自己之后的认知产生的影响作用。我们初入职场时，如果第一次自我介绍表现得非常不专业或者非常不自信，都会在同事和主管心里留下一个不好的印象，即便我们在后期表现出了一定的专业性，他们也会觉得我们很难委以重任。

自我介绍的模板

这里给大家推荐两种自我介绍的模板：

职场新人：重点讲爱好

这种自我介绍适用于初入职场的应届生或者工作 1-2 年的职场新人。新人在业务上没有特别专业或者深入的经验，在自我介绍的时候要尽量避免提及工作业务的内容，而要多说一下自己的业余爱好，这个爱好最好和工作技能没有关系，比如运动、读书、看电影等。这样介绍有两个好处，一个是避免其他同事看我们不懂业务，给我们派一些杂活；另一个是避免后期同事拜托我们帮他们做一些非本职工作。具体可以参考：

版本一：大家好，我叫 XXX，很高兴加入团队，今天是我第一天上班，希望在未来的日子里我们能合作愉快，也请各位多多关照，谢谢！

版本二：大家好，我叫 XXX，平常大家都喜欢叫我 XX。很高兴和大家共事，我工作之余喜欢唱歌、看电影和运动，如果有跟我一样爱好的，下班后可以一起玩哦。

职场老司机：重点讲工作经验

这种自我介绍适用于有一定工作经验的职场人。这类人一般工作 3 年以上，对业务开展各方面都有一定的了解，在自我介绍时可以附上自己的经历，让新公司的同事知道我们是有专业深度的人，未来在工作上就不会指指点点或者让我们帮忙做杂活（如果是转行到新的行业，我们可以参考第一种自我介绍）。具体可以参考：

版本一：各位同事好，我叫 XXX，现在负责 XX 工作，目前从事这份工作已经有 XX 年了，希望在未来的日子里我们能合作愉快，也请各位多多关照，谢谢！

版本二：大家好，我叫 XXX，大家可以叫我 XX（昵称 / 绰号），很开心能和大家一起共事，我现在担任 XX 职位，未来如果有 XX 岗位的事都可以来找我。之后的工作还请大家多多关照，谢谢！

这里要注意的是，我们在向新同事做自我介绍的时候声音一定要洪亮，呈现出来的状态要自信大方，千万不要和我们开头提到的敏敏一样，讲话怯生生的，这样会给别人一种自己很好拿捏、很好欺负的感觉。

另外，我们刚进入到一个新环境时一定要嘴甜，见面要学会打招呼。入职第一天见到同事上司时都要主动地打声招呼，比如“早上好”或者“XX 总您好”。不用管对方有没有听到或者有没有回应，我们只要打招呼就行。主动打招呼的好处在于可以给新同事树立一个热情的形象。

职场破冰的方法

接下来，我们再看看如何职场破冰。职场破冰的核心是“找话题”，当我们来到一家新公司时，快速跟同事熟络起来更有利于我们后面工作的开展。

入职后与陌生的同事相处时，总是会遇到双方互相自我介绍后就没有后续话题的尴尬情况。我们需要延续对话，增加彼此对话的内容，内容一多，我们和对方就会有共同语言，这样才能聊下去，从而化解这种尴尬，让大家可以慢慢地变得熟悉。而想要让两个人的对话不断地延续下去，我们一定要学会职场破冰的方法。

找共同话题

一般我们都以提问的形式来找共同话题，但是如何提问又很考验一个人的情商。如果一开始就问对方的家庭情况、父母姓名等，明显非常不礼貌，我们一定要有礼貌、有礼节地提问，我们可以寻找生活中的共同话题，比如说兴趣爱好、生活习惯等。这里要把握一个度，在不确定对方喜好的时候不要乱下判断，比如我们看见对方桌上有一本书，就说："你也在看这本书啊，这本书很不错。"如果这个时候对方说："被网上忽悠了买来看，觉得一般。"这个时候我们就尴尬了。

比较好的提问是："你也在看这本书？"我们不要急着下判断，先看对方的回复。如果对方说："是啊，被网上的评价忽悠买来看的，看完觉得很一般。"这个时候我们可以说："巧了，我也这么觉得，你很喜欢看书吗，最近有没有什么好书可以推荐？"接着双方就能有来有回地开始聊。这样的对话也可以套用在电影、旅游、音乐等话题上，将话题引导到请对方做推荐，这样子就可以打开话匣子了。

如果对方没有明显的文艺类型的兴趣爱好，这个时候可以用一个万能的主题：家乡美食。比如：

"你是哪里人？"

"我是潮汕的。"

"我知道那里，你们那边有好多好吃的，牛肉火锅很有名，我可爱吃了。不过我只知道牛肉火锅，不知道有没有其他好吃的美食？"

"有啊……"

接下来我们可以就着美食这个话题一直聊，聊完对方的家乡美食再聊我们自己的家乡美食，一来一回就能迅速熟络起来，这里要注意的是，我们每次回复都要在结尾加个问句，这样对方才能接话回答。

双方有这种接地气的闲聊之后，在工作上有问题想要请教，对方一般都不会拒绝。

如何在日常工作中，让老板看到我们的付出

❶ 案例故事 ❷ 如何正确汇报工作 ❸ 善用万能汇报公式 ❹ 把握黄金三点法 ❺ 多使用数据呈现工作成果 ❻ 用高级词汇进行汇报

案例故事

很多职场人会有一个误区：干得多 = 干得好 = 升职加薪。

我有一个学妹叫小慧，有一次聚会的时候，她说她最近想要离职，我问她为什么。她说："我的同事能力一般，就是喜欢在老板面前表现，是老板身边的红人，结果她被提拔了。这样的公司，不如离职算了，找一个对事不对人的老板。"

我仔细一问才知道，平时老板交给她的工作她都埋头苦干，遇到问题就自己琢磨，"钻研"出东西以后继续做事，做完了再跟老板汇报，力求每一次都是呈现"最完美"的结果给老板。

听完这些，我直截了当地告诉她："职场上展现自己是一种很重要的能力，千万别以为自己很厉害，就用同样的眼光和标准去度量别人。"

很多人以为在职场上只要做好工作，有成果就可以了，不用事事都向老板汇报。但事实是如果不会主动汇报工作、不会展现自己的业绩，不管我们多努力，我们都不会得到提拔，因为老板根本看不到，或者我们的功劳被同事拿去展现了。

如果在一项周期长的项目里我们不主动汇报工作，老板可能会认为我们在偷懒。而一旦老板给我们贴一个“偷懒”的标签，估计我们距离离职的时间也就越来越近了。

其实在职场上，很多人的想法和小慧是一样的，那么到底怎么样的汇报才是好的汇报？是不是每做一步决策都要事无巨细地告诉老板？今天我就带大家来仔细拆解如何主动汇报才能让老板记住我们的价值，肯定我们的付出。

如何正确汇报工作

对于上班族来说，我们很少有跟老板一对一交流的机会，而工作汇报是我们传递工作价值，获得老板认可和支持的最佳时机。

美国作家马克·麦考梅克说过：“谁经常向我汇报工作，谁就在努力工作。相反，谁不经常汇报工作，谁就没有努力工作。”

我们平时的工作完成得多好，老板不知道，老板只能从我们的工作汇报来评估我们的能力和价值。那么，我们平时应该如何做好工作汇报，才能让老板另眼相看呢？

首先我们要明确一个概念：汇报不是流水账。汇报不是让我们把大事小事都事无巨细地告诉老板，而是要把握好正确的汇报节点。

工作规划调整时汇报

当一件事情偏离我们原先的规划，需要重新做调整的时候，就算我们知道怎么做，也一定要提前请示老板，并且附上解决方案让老板选择，不要私下做决定。

比如老板派我们去机场接一个客户，但路上堵车严重，开车去接赶不上时间，这个时候我们怎么处理？是直接带着客户改乘其他交通工具，坐地铁到公司吗？

并不是，我们要做的事是先请示老板。在企业系统里，我们就像一个齿轮，牵一发而动全身，所以一旦出现突发事件，我们一定要向老板请示，让老板心里有个底，否则一旦出了问题，责任就全在我们自己身上了。没有一个老板喜欢失控的感觉。

例如上面这个案例，我们可以跟老板说明现在的情况以及我们想到的解决对策，如果老板觉得没问题，那就按说的办；如果老板觉得不行，那我们可以请教一下老板可以怎么做，从而化解这个问题。

获得突破和进展时汇报

职场上很多人就像小慧一样，只会干，不会说，而最不容易被老板提拔的恰恰是这样的人，所以在职场上我们要学会适度展现自我，在项目取得阶段性成果或者重大突破的时候一定要跟老板汇报最新的进展。

如何汇报也是有一定技巧的，并不是一味地在老板面前自卖自夸，这里给大家总结了汇报 5 个汇报要点：

- 我们遇到的问题
- 我们解决的办法
- 我们的经验总结
- 我们的收获成长
- 我们得到了谁的帮助

如果我们汇报时提到这 5 个要点，老板自然觉得我们是一个有潜力、懂感恩的职场人，在项目中有思考、有成长，在取得成功的时候还不忘参与者。工作就像是打篮球，不管我们的招式再花里胡哨，不进球就是白搭，而工作汇报就是我们篮球比赛中的临门一球。

“喜”要报，“忧”更要报

老话常说“报喜不报忧”，但是在职场上，只会报喜不会报忧会严重影响工作进度，导致事情变得更加麻烦，所以我们在推进项目的时候出现问题一定要及时上报，但也不要只是诉苦，还要附上一个解决方案给老板，让他给我们建议。

千万不要觉得向老板汇报自己遇到了问题会显得我们能力不足，相反，在老板看来，我们是积极解决问题、有担当的好员工，而且老板的经验比我们丰富，更容易看到问题的核心。他能够给我们正确的指导，让我们快速解决问题，同时，我们也可以在老板心目中树立起一个认真负责的形象。

善用万能汇报公式

这里给大家一个万能汇报公式：

【事件 + 进展 + 问题 + 解决方案 + 请示】

老板很忙，所以我们汇报的时候，不要事无巨细地把工作内容全部汇报上去，这样只会招来老板的不耐烦，我们要抓住老板所关心的问题。

这个万能汇报公式能够剔除无效信息，保证我们说的每句话都是重点，让老板明确事情进展，有没有遇到问题，解决了什么问题，需要什么支持等。

打个比方，老板要我们确保月底上架最新的产品，但是因为加工厂的失误，可能要延期一周上架，这个时候我们可以这么跟老板汇报：

【事件】老板，您前几天安排给我了新产品上架工作。

【进展】目前新产品上新的推广广告已经制作完毕，但是现在遇到了一些问题：因为加工厂的失误，导致产品颜色差异太大，验收失败，无法顺利上架。

【解决方案】我现在会和加工厂的负责人了解具体情况，看能不能通过外包加工厂的形式让我们的产品顺利上线。

【请示】不知道您这边手头有没有一些外包加工厂的资源，可以让我们快速生产产品，早点上架。另外，对于下一步工作，您看看还有哪些指示？

上面这个汇报，把老板想要了解的东西都讲清楚了，比如：项目的进度、目前的问题、解决的办法、需要的资源等，不用老板挤牙膏一样地去问。通过这样重点明确的工作汇报，老板自然会对我们的工作更加满意。

把握黄金三点法

黄金三点法是一个著名的演讲技巧，所谓三点，就是在回答问题的时候给出三个答案，这样不仅会让人觉得我们的思维很缜密，还会让我们的回答有层次。

比如说，老板问我们，最近的销售业绩怎么越来越少？是什么原因造成的？这种时候我们只要回答三点就可以，比如：

第一：近期受疫情影响，应酬、聚会减少，酒水的需求自然也会下降。

第二：我们还没有跑通线上外卖服务，因此订单量也会有所减少。

第三：我们的产品在疫情期间仍然按原价销售，价格不占优势，很容易被竞争对手比下去。

通过三个层次的分析，有理有据，角度全面，还能让老板觉得我们是肯思考的人。

多使用数据呈现工作成果

让我们对比一下两个案例的汇报方式：

A：这个月达成了业绩目标，我们主要依靠老客户 X 公司完成了大部分的业绩，同时也有小部分业绩来自于新开发的客户 F 公司。

B：本月我们顺利完成了月初设定的 100 万业绩目标。其中 80% 的业绩收入来自于长期合作伙伴 X 公司，而剩余的 20% 则得益于新开发的客户 F 公司。此外，本月上架的新产品也表现优异，销量显著，销售额比老产品翻了一番，达到了 60 万，我们预计下个月将加大新产品的推广力度，进一步提升其市场表现。

如果我是老板，我会对 B 的汇报更加满意。这位员工不仅完成了既定的业绩目标，还对新客户和新产品的销售做出了贡献，他的工作量和工作成果有清晰、具体的呈现，展现出了更高的专业度和努力程度，同时，B 的汇报方式听起来更为清晰、有条理，易于理解。

数据是体现工作情况的最佳方式。通过数据，我们可以直观地了解到自己的工作量和完成情况，即使我们完成了 100 件事，如果无法通过数据来体现，那么在老板眼中，我们的工作成果可能仍然是 0，因此，学会用数据来呈现自己的工作成绩至关重要。

用高级词汇进行汇报

在汇报场合，我们是否也遇到过这样的困扰：明明意思相同，为什么有的人汇报起来就显得更加专业、有说服力呢？答案就在于他们使用了高级词汇。

高级词汇指的是那些比较书面化、职业化的专业用词，这些词汇适合用于工作汇报等书面形式，能够让我们的报告显得更加专业、权威。当我们要表达“这款产品客户很喜欢”时，我们可以使用“这款产品获得了客户的高度认可”；当我们要说“可以让更多顾客使用”时，我们可以说“建议让更多客户深度体验”。尽管两者含义相近，但高级词汇无疑让我们的表述更为高级、更有深度。那么，如何运用这些高级词汇呢？其实并不复杂。我们可以在汇报中多使用如“推动”“深度”“维度”“高度”“优化”“提升”“促进”等正面、规范的词汇，这些词汇不仅能提升我们的专业度，还会让老板对我们的评价更为积极，认为我们“专业、有见解、表达准确”。

千万不要觉得向老板汇报工作是一件溜须拍马的事情，最优秀的职场人并不仅仅是那些可以做出成果的人，更是那些事事有回应、件件有着落的人。要让老板知道，事情交到我们的手上就会有稳妥的处理，不会掉在地上。很多人会把目光聚焦在事情能不能“成”上，但是职场上很多工作并不是到最后都能成功，都能取得结果，最重要的是不管事情能不能办成功，最后都要有一个交代，让老板有安全感，让老板对我们放心。问题解决不了很正常，但是要思考过再去问老板该怎么解决，这样老板知道我们有努力，同时他参与了决策，后续出问题也不是我们背锅。

学习了这一小节的知识点后，我们可以把这些技巧运用在我们日常的工作汇报中，懂得正确汇报工作的思路，并且能在正确的时间做出汇报，让老板看到我们的价值，而不是觉得我们没有存在感，也不敢把重要的事情交付到我们的手上。

部门会议上被提问时如何即兴发言

❶案例故事 ❷把握“关键的 5 秒钟” ❸擅用高效表达公式

案例故事

部门会议的时候最害怕什么？答：被老板临时提问。

小林是一位直播运营，他们项目组每周都会开一次复盘性的部门会议，小林每次参加会议的时候都只听前 10 分钟，10 分钟后就开始走神，有时候甚至偷偷玩手机。这天开会，老板突然问小林：“小林，你觉得周四晚上的直播，直播间的人数不足是什么原因？”小林本来还在发呆，现在猛地站起来，愣了几秒，这个时候他的脑子一片空白，但是潜意识里有个声音告诉他：快说点什么！快说点什么！

小林憋了半天说：“昨晚直播间人数不足，我觉得是这次推出的新产品不够吸引人。”

老板一听，脸都黑下来了，随即问：“那你认为什么样的新产品才吸引人？”

小林顿时哑口无言，他知道是自己答错了。会后，小林还被老板叫到办公室狠狠批了一顿。

其实一天当中，只有小部分的发言是可以事先准备的，像正式的部门会议、日常汇报等，剩下大部分的发言场合都是随机的，需要我们灵活应变，这也是为什么即兴发言相较于其他沟通形式更具有挑战性。临时发言常常是由对方的提问开始的，比如：向上级汇报工作时被质疑；和老板开会时突然被问及下个月的活动计划；案例中小林老板问的业务类型问题。

很多人面对突如其来的提问通常会支支吾吾，甚至说一些逻辑不通、让人费解的话，还有一些人是不假思索，脱口而出，一股脑把脑子里面想到的东西全部倒出来，甚至觉得这样很厉害。其实这两种回复方式都不对。

对于职场新人来说，了解如何从容应对临时发言至关重要。这不仅能帮助我们展现出自信和专业素养，还能提高我们在工作中的沟通效率和团队协作能力。当我们能够从容地回答每一个问题时，我们将成为团队中不可或缺的一员，赢得他人的尊重和信任。

把握“关键的5秒钟”

当我们被提问的时候，从听到提问到做出回答，这中间有一段“关键的5秒钟”，这段时间里面我们要做到两点：

第一，认可对方的提问。这不仅仅是出于礼貌，更是建立良好沟通氛围的关键。通过简单的回应，如“这是一个很好的问题”或“我理解您的关注点”，我们可以让对方感受到尊重，避免对话陷入对抗。

第二，澄清对方的问题。有时候对方的提问可能比较模糊或含糊，特别是在紧张的会议环境中，因此，明确对方的问题是非常必要的。我们可以用一两句话来澄清提问的主题，确保我们完全理解对方想要了解的内容。

这样做有几个好处：

1. 营造对话氛围。通过认可对方的提问，我们能够建立一种互相尊重和理解的对话氛围，这样可以让对方感到舒适，更愿意倾听我们的回答。

2. 确保沟通一致性。澄清对方的问题可以确保我们和对方谈论的是同一件事情，这样可以避免误解和歧义，确保我们的回答与对方期望的内容一致。

3. 提升回答质量。在明确对方的问题后，我们可以有更多的时间来整理思路和准备回答，这样可以让我们的回答更有条理、更具说服力。

认可对方的提问

在即兴发言中，认可对方的提问是非常关键的，它不仅是表达尊重，更是建立良好沟通的基础，然而认可需要技巧，否则可能会让对方感到不舒服。

首先，认可提问者可以帮助我们与对方建立更亲近的关系，使他们感受到我们在认真关注他们的问题。我们可以通过称赞和感谢来表达对提问者的认可，例如，我们可以说“谢谢你的问题，我很高兴你能提出宝贵的意见”或者“我很感激你提出这个问题，它让我意识到我们需要进一步讨论这个话题”。

其次，除了认可提问者，我们还可以通过认可对方提到的事实来增强沟通效果。当对方提出某个观点或事实时，我们可以再次提及并评论，以确认我们理解并重视他们所说的话。例如：“正如你提到的，市场调研数据显示我们的产品在目标市场中有着巨大的潜力。”

最后，如果对方在提问时表现出明显的情绪，我们也可以认可他们的感受，这可以让他们感受到我们在关心他们，并且愿意倾听他们的声音。例如：“我理解你对这个问题的担忧，请告诉我更多关于你对此的看法。”

通过认可对方的提问、事实和感受，我们可以更好地与对方建立联系，促进更深入的对话和理解，这不仅有助于提升我们的沟通技巧，也有助于帮助我们在职场中建立良好的人际关系。

澄清对方的问题

很多时候对方的提问可能不够准确或模糊，我们需要通过澄清来进一步确认对方的真实意图。例如：“我不确定是不是明白了你的问题，你是说……吗？”或者“你能不能重复一遍问题，更加具体一些呢？”另外，我们也可以让提问的人给出一个例子，将抽象的问题具象化，缩小回答的范围。例如："你能不能举个例子，具体说明一下问题呢？"

通过澄清问题，我们可以更好地理解对方的真实意图，确保我们的回答能够满足对方的需求，同时，这也能够展现出我们的专业素养和认真的态度，提升我们在职场中的形象。

擅用高效表达公式

在即兴发言中，经过认可和澄清问题后，接下来就是回答的环节。为了更高效地表达，我们可以采用一个结构化的框架：定主题、搭框架、填素材。

定主题

在了解完对方的意图之后，需确定我们要表达的核心观点是什么。

可以在表达之前先思考 3 个问题：我的听众是谁？他对哪些信息最为关注？本次沟通表达需要达到一个什么样的效果？基于上面 3 个问题的梳理，我们就大致清楚本次需要表达的重点信息是什么，也就得出了我们的主题。

搭框架

搭框架是为了构建一个清晰、有条理的表达结构，根据不同的情境和需求，可以采用不同的框架。

如果对方向我们寻求解决方法，那么我们可以用解决问题框架：

【问题现状——原因分析——解决方法】

如果对方是向我们寻求最优选择，那么我们可以用寻求解决框架：

【问题现状——原因分析——解决方案选项——利弊分析】

如果是在跨部门会议上需要我们协调解决协作上的问题，可以用组内价值体现框架：

【问题现状——解决方法——价值——执行计划】

填素材

填素材是为了使表达更加生动和有说服力。我们可以选择与主题相关且具有代表性的案例、数据或事实来支持自己的观点，这些素材可以增强我们回答时的可信度，并使对方更容易理解和接受我们的观点。

我们来看一下，在实际的工作场景中如何运用本节学到的技巧来应对老板的问题。

假设我们是社群运营，本职工作是维护老用户社群，收集反馈以优化产品，这天开组会，老板突然提问："为什么最近用户群变得越来越冷清，很少有用户反馈问题了？"这是个尖锐的问题，因为对方质疑的是我们的工作有没有做好。如果我们脱口而出"我们的产品很好，用户用了没啥问题"，那么站在老板的角度，他的疑虑并没有被消除，我们的快速回应反而让他觉得我们工作不用心，或者压根没思考过。我们可以这样说：

认可提问："您提出这个问题，我意识到这可能是我们需要关注的重要问题。"

澄清问题："您提到用户反馈减少，我想确认一下，您是指用户在群里的活跃度下降，还是指他们向我们提供的具体反馈信息减少了？"

整理思路后回答："最近确实有一些用户反馈数量下降的趋势。我分析了数据，发现从 11 月到 12 月，用户反馈需求数减少了 40%（问题现状），主要原因可能是我们在收集用户反馈后，缺乏及时有效的反馈给用户，导致他们可能觉得反馈了需求也没有回应，从而降低了他们的积极性（分析原因）。为了解决这个问题，我们计划在 1 月份推出一项新的需求反馈系统，用户可以即时查看他们反馈的需求进度。此外，我们还会在 1 月份进行用户调研，了解其他可能的原因（解决方案）。"

通过这样的回答，我们不仅回应了老板的问题，还提供了具体的数据支持、原因分析和解决方案，这样的回答更有说服力，也显示出我们的专业性和思考能力。

在职场中，即兴发言是一个非常重要的沟通技能，当我们面对突发的提问或发言机会时，学会抓住对方提问后的"关键 5 秒钟"进行认可和澄清是非常必要的，通过这两步，我们不仅可以安抚对方的情绪，还可以更准确地了解对方提问的要点，确保我们的回答能够满足对方的需求。

如果我们没有做认可和澄清的步骤，而是直接回答问题，可能会让对方觉得我们并没有认真倾听他们的疑问，或者我们的回答没有针对性地解决他们的问题，因此，在回答问题之前，花一些时间进行认可和澄清是非常必要的。

我们要在确认对方关注的问题之后，再通过结构化表达去回答问题，先确认主题，再根据具体的问题类型搭好框架，结合实际的情况往里面填充素材。

在分析原因时，我们首先可以运用上一节提到的“黄金三点法”，分析出 3 个以上的原因，这样可以更加全面地了解问题所在。其次，对我们认为最主要的原因进行深入分析，进一步阐述其影响和重要性。最后，我们给出预想的解决方案或行动计划，为对方提供明确的行动方向。

总结来说，应答公式为：

【认可 + 澄清 + 结构化回答】

通过这个公式，我们可以在工作中更好地应对突发的即兴发言场景，提高沟通效果和职场表现。

这里最后要提醒一下大家，部门会议是一个重要的场合，我们一定不能让老板看到我们在走神或者玩手机，这样的话是非常不尊重老板的，像开篇案例里的小林一样，那样不仅是对老板的不尊重，还会给其他同事留下不良印象。

为了确保我们在会议中能够应对自如，提前准备是非常关键的。了解会议的主题和预期的问题是非常必要的。例如，如果会议是关于项目复盘，我们可能需要思考目标未达成的原因或达成的亮点等；如果是决策会议，我们可能需要分析各个方案的优劣并提出新的建议；如果是跨部门协同会议，我们需要明确项目中的难点并提出解决方案。

这样的准备不仅能让我们在老板提问时回答得有理有据，还能在其他部门的同事和老板面前展现出我们的专业素养。我们的出色表现会让老板更加满意，因为我们有自己的思考，而且在其他部门面前展现了团队的实力，这样我们在将来的升职加薪机会面前也会更有竞争力。

竞聘述职怎么说才能体现出差异化

❶ 案例故事 ❷ 竞聘述职两大重点 ❸ 竞聘述职的流程

案例故事

在职场上，晋升是许多人的追求，但抓住机会的关键在于如何有效地展示自己的优势和潜力。年终的竞聘述职就是一个很好的机会，但如果没有正确的策略，很容易错失良机。这里有一个典型的案例：

临近年底，很多公司都开始进行内部提拔，职场人也因此迎来了一次升职加薪的机会。丽莎就迎来了一次年终的竞聘述职，她非常重视这次的竞聘述职，整理了 2 万多字汇报稿，把自己的工作从头罗列到尾，在台上讲得慷慨激昂，自我感觉非常好，结果成绩出来只有 60 分。她很费解：自己明明做了很多事，说了很多成绩，但是老板却不为所动。

其实丽莎的问题在于她的竞聘述职像流水账，没有重点和亮点。这样的报告无法凸显她的优势和潜力，也无法激发老板对她的信心，老板能给她打个及格分已经很给面子了。

竞聘述职两大重点

有些公司每年都做述职报告，是不是竞聘也用以往的方式就行了？答案是否定的。

年终述职报告和竞聘述职在目的和重点上是不同的。年终述职报告主要是回顾过去一段时间的工作成果，强调团队的努力和所克服的困难；竞聘述职则是面向未来，重在展现个人能力和潜力，强调自己愿意带领团队迎接更大挑战的决心。那么，如何准备竞聘述职报告呢？成功的关键在于两点：

明确述职对象

明确述职对象是至关重要的。我们需要深入了解听众的需求和期望，以便调整自己的演讲内容和风格。想象一下，如果自己是老板，我们希望听到什么内容？关注哪些重点？这样换位思考，能帮助我们更好地准备演讲，确保我们的内容能够打动老板，展现出我们的专业素养和思考深度。

表达内容要落地

避免使用空洞、模糊的语言，而要用具体、明确、量化的方式来阐述我们的工作计划和目标。举个例子：

A：“接下来我将从宏观角度出发，全面考虑各项业务，努力提升公司的整体业绩。”

B：“在接下来的 6 个月内，我计划通过以下措施提升公司的业绩：

“**提高产品质量。**我们将对现有产品进行全面优化，通过改进生产流程和加强品质控制，使产品合格率提升至 98%。这将有助于提高客户满意度，从而增加回头客的数量。

“**扩大市场份额。**我们将通过市场调研分析，确定目标客户群体，并制订针对性的营销策略。我们的目标是第一季度内新增 10% 的客户，并逐步提高市场份额。

“**提升团队能力。**为了支持公司的发展目标，我们将组织一系列培训和发展计划，提高团队成员的专业技能和团队协作能力。我们的目标是使团队整体效率提升 20%。

“**优化客户服务。**我们将加强与客户的沟通，及时了解客户需求和反馈，提供更加个性化、专业化的服务。我们的目标是客户满意度提高至 90% 以上。

“**创新产品研发。**我们将加大研发投入，开发具有竞争力的新产品，满足市场不断变化的需求。我们的目标是每季度推出至少一款新产品。

“通过以上措施的实施，我们期望在半年内实现公司整体业绩提升 20% 的目标。我们将持续关注市场动态和团队表现，不断调整和优化工作计划，以确保目标的顺利实现。”

A 的表述听起来好像说了什么，又好像没有说；B 的表述方式更加具体和可信，能够让老板更加清楚地了解他的计划和目标。如果我们是老板，看到 B 的回答，也会支持和认可 B。

竞聘述职的流程

每家公司都会有自己的竞聘流程，总的来说，它会有以下几个部分：

个人自我介绍

在竞聘述职的场合，自我介绍是非常关键的环节，它是我们展示个人能力、经验、职业规划和未来设想的机会。以下是一些关于如何做自我介绍的技巧和建议：

开场白。用简短的话语表达自己的名字、竞聘职位以及感谢老板和同事们的聆听。语言要简洁、有力，能够吸引听众的注意力。

工作经历。介绍自己的工作经历，包括曾经担任过的职位、工作内容和所取得的成就。在介绍工作经历时，要突出自己的职责和贡献，用具体的事例来证明自己的能力和业绩。

职业规划。阐述自己的职业规划，包括对未来职位的设想、目标和计划。在描述职业规划时，要与公司的战略和发展方向相契合，表现出自己的思考和规划能力。

个人优势。强调自己的优势和特长，包括专业技能、团队合作、沟通能力、领导力等方面。在介绍个人优势时，要结合具体事例进行说明，让听众更加信服。

结尾。最后，用简短的话语总结自己的自我介绍，重申竞聘该职位的优势和决心。

这里给大家一个我的学员小陈竞聘销售主管的自我介绍模板：

“尊敬的领导、各位评委，大家好！我是陈佳，非常感谢大家给我这个机会来竞聘销售主管的职位。

“过去的两年里，我作为小组长带领团队，积极开拓市场，与客户建立良好关系，超额完成年度业绩目标，为公司贡献了 200 万的利润额，创造了显著的价值。

“对于未来的职业规划，我希望能够担任销售主管，带领团队共同开拓市场、提升业绩。我相信自己具备以下几个方面的优势：首先，我具备较强的沟通能力和协调能力，能够与不同层级的员工和客户进行有效的沟通；其次，我拥有敏锐的市场洞察力和判断力，能够及时把握市场变化并作出相应的调整；最后，我具备丰富的销售经验和团队管理经验，能够为团队成员提供指导和支持。

“如果能够竞聘成功，我将全力以赴，发挥自己的优势和特长，为公司的销售业绩做出更大的贡献。”

竞聘岗位

如果我们想在竞聘时赢得老板和评委认同，关键就是要展现出我们对竞聘岗位的深度认知和理解。以下是一些帮助我们更好地展示并描述自己的竞聘岗位的建议：

首先，不要直接复制公司的招聘网站描述，这样的行为显得缺乏诚意和思考。我们需要对岗位有更深入的了解，才能让自己的阐述更有说服力。其次，从多个角度去分析岗位。例如，从公司层面理解岗位在组织中的位置和作用；从业务层面明确岗位的核心指标、日常职责以及该岗位所需要的硬技能。最后，进行自我对标，明确自己已经具备哪些能力和经验，还需要在工作中继续提升什么能力。这样做不仅可以更清晰地看到自己的不足，还可以展现出自己积极主动的学习态度。

通过这样的深度理解和自我对标，我们不仅能更好地展示对岗位的认知，还能展现出自己的专业素养和自我挑战的决心。这样的竞聘者无疑会让老板眼前一亮，给他人留下深刻的印象。

成果展示

在竞聘述职中，让老板看到我们的价值非常重要，我们在呈现价值的时候，要尽可能往公司的盈利指标靠，对我们的成果进行量化：

使用具体数据。用具体的数据来量化我们的工作成果。例如，我们可以提到带领的团队完成了多少项目，提高了多少销售额，节省了多少成本等。使用数据能够让我们的成果更具说服力。

对比数据。通过对比数据来突出我们的工作成果。例如，我们可以提到自己负责的项目比去年同期增长了多少，或者自己达成的目标超出了预期多少百分比。通过对比数据，能够让我们的成果更加明显。

强调关键指标。根据竞聘的岗位和公司的需求，强调与该岗位最相关的关键指标。例如，对于销售岗位，我们可以强调销售额、客户满意度等关键指标；对于管理岗位，我们可以强调团队效率、项目完成率等关键指标。

展示成果的时间线。通过时间线的形式展示我们的工作成果。例如，我们可以说明在过去的一年或几年中自己达成了哪些里程碑式的成果以及这些成果的时间节点。时间线的形式能够让我们的成果更加清晰。

突出个人贡献。在量化呈现过往成绩时，强调我们个人在其中的贡献和作用。例如，我们可以说明自己在项目中承担了哪些职责，如何解决问题以及如何推动项目取得成功。突出个人贡献能够让我们的能力得到更好的体现。

提供案例说明。通过具体的案例来说明我们的工作成果。例如，我们可以提到自己解决了一个特别棘手的问题，或者我们成功地推动了一个创新项目。提供案例说明能够让我们的成果更加生动有趣。

STAR 原则描述

阐述的过程可以遵循 STAR 原则。STAR 法则是 Situation（情境）、Task（任务）、Action（行动）、Result（结果）的缩写。

我们来看一个例子：在担任项目经理期间，我负责了一项重要项目，目标是提高客户满意度并降低客户投诉率。

Situation（情境）：公司发现客户投诉率持续上升，这影响了客户满意度和公司声誉。作为项目经理，我接到了解决这一问题的任务。

Task（任务）：我负责领导一个团队，制订并实施一系列措施，以降低客户投诉率并提高客户满意度。

Action（行动）：我采取了以下措施：

调查分析。我组织团队对客户投诉数据进行了深入分析，找出投诉的主要原因和问题所在。

制订方案。基于调查分析结果，我制订了详细的行动方案，包括改进产品和服务质量、优化客户沟通流程等。

资源整合。我协调团队成员和相关部门，确保方案的顺利实施。

实施改进。在团队的共同努力下，我们按计划实施了改进措施，例如优化客户服务流程、加强员工培训等。

监控与调整。在实施过程中，我密切监控各项措施的效果，及时调整方案以确保目标的实现。

Result（结果）：通过我们的努力，客户投诉率下降了20%，客户满意度提高了15%。这一成果得到了公司老板的认可和表扬，并为我们团队赢得了更多的项目机会。

这样描述下来，就可以让人知道我们在工作中是有思考、懂复盘的。

未来计划

在竞聘述职中，展示对未来的规划和设想是至关重要的，这不仅可以体现我们的前瞻性和领导力，还展示了我们的自我提升意愿和职业发展规划。

第一，明确我们的目标。如果我们当选，我们要明确自己要带领团队达到什么目标，这些目标要与公司的整体战略和目标相契合。在描述这些目标时，我们要确保它们是具体、可衡量和具有挑战性的，同时也要说明实现这些目标的执行计划和时间表，展示我们的责任感和执行力。

第二，谈谈我们的个人发展计划。在谈论自己的个人发展计划时，除了要诚实地面对自己的不足，同时也要展示出自己积极的态度和提升自我的决心。例如，我们可以提到自己计划参加某些培训课程、寻求导师指导或寻求反馈机制以不断提升自己的技能和能力。对于我们的优势，也要适当地提及并强调，以便展示出自己的自信和实力。

第三，强调我们的学习和发展潜力。说明自己如何通过不断学习和实践来适应不断变化的工作环境，并带领团队共同成长。

第四，表达我们对未来的承诺和热情。强调我们对职位的热爱和对公司的忠诚，以及自己希望通过努力为公司创造更大的价值。

总之，在竞聘述职中，展示对未来的规划和设想是非常重要的。通过明确目标、阐述个人发展计划、强调自己的学习和成长潜力以及对未来的承诺和热情，我们能够展现出自己的前瞻性、领导力和责任感，增加竞聘成功的概率。

结语

我们要用简洁明了的语言总结自己的竞聘述职，并表示感谢。我们可以说感谢评委的聆听和考虑，以及期待自己有机会为公司贡献自己的力量。

竞聘场合是除了面试场合之外第二大重要的展现个人成果和魅力的场合，能不能把握好，会决定我们走得比别人快还是比别人慢。竞聘不同于面试，每个人一生中至少有 3 次跃迁机会，如果刚好有这样一次竞聘的机会在我们面前，我们一定要牢牢抓住。让我们运用本节内容，在竞聘述职上大放异彩吧。

宴会场合如何迅速让对方记住我们，链接人脉

❶案例故事 ❷宴会前准备 ❷破冰三步法

案例故事

在职场上，我们有时会参加一些商务宴会，而在这些场合里我们会遇到其他行业的大佬，聪明人都会想在这种场合上面结交人脉。但是对于不擅长社交的人来说，这样的场合就犯难了。

小李擅长写文案，但是不擅长与人打交道，他公司又经常组织与其他公司或者行业大佬的商务宴会，他非常希望可以在宴会里面拓展自己的人脉，但是他嘴笨，不会跟大佬们聊天。等小李好不容易加上了大佬的微信，也只能干巴巴地给大佬的朋友圈点赞，最多就是重要节日去发一下祝福。他非常苦恼，就来请教我如何解决这个问题。我一听就知道，小李链接不到人脉，是因为他在自我介绍和破冰闲聊这一块没有做好。

有人会问，自我介绍和破冰闲聊是不是和初入职场的破冰差不多？不完全是。职场上和宴会上的自我介绍，都是为了帮我们在新同事或者陌生人面前树立自己的人设，不同点在于职场上的破冰闲聊是为了快速融入集体；宴会上的闲聊是要告诉别人我有价值，如果你有需要，请来联系我。只有对方能想起我们，这条人脉才能被激活。

宴会前准备

宴会社交时，提前获取宾客名单至关重要。这不仅能帮助我们了解每位宾客的职业背景和兴趣爱好，还能让我们在饭局上有针对性地展开交流，加深彼此的了解。了解对方的喜好和关注点能帮助我们迅速拉近彼此的距离，为日后的人脉拓展打下坚实的基础。正所谓知己知彼，百战不殆。

比如某个宾客是广告公司的大佬，喜欢爬山，如果我们也是做广告的，就刚好能匹配上。如果我们不知道他是做什么的，也不清楚他的爱好，等到了宴会上再去搜寻爬山相关的知识，一切就来不及了。如果我们提前准备好，那么在宴会上我们就能轻松抓住人脉的注意力。

在陌生的场合聊共同话题更容易拉进彼此的关系，促成彼此的合作。如果少了前期的了解，双方只是喝酒和互加微信，这条“人脉”也是无效的，就像小李只能和大佬成为“点赞之交”一样。

除此之外，我们在结交人脉的时候还要注意把精力放在想结交的人脉上，不要对每个人都一样。人的精力是有限的，如果把精力放在每一个人身上，最后那些人给我们的帮助一定也是普通的，只有把精力放在对我们帮助最大的人身上，才会给我们带来更多帮助。

破冰三步法

建立人脉的第一步是与他人建立对话，而要与大佬顺畅交流，避免显得唐突，关键在于建立“信任感”。那么，如何逐步建立这种信任感呢？先要让对方感受到与我们交流是安全的，进而产生对我们的掌控感。这是一个从安全感到掌控感，再到信任感的渐进过程，我们称这个过程为“破冰”，它不仅仅是打破陌生障碍的一次性动作，更是一个逐步消除距离感、增进了解的过程。

接下来，我将详细解析“破冰”的三步法：

【留下印象 + 交流互动 + 巩固关系】

第一步：留下印象。这一步的目标是在对方心中留下深刻印象，让对方记住我们。

第二步：交流互动。社交“破冰”不是单方面的行为，而是需要双方共同参与。

第三步：巩固关系。这一步的关键是通过创造回响来巩固双方的关系。

通过运用这一“破冰”公式，我们将能够更自信、更自然地与大佬建立对话，进而拓展我们的人脉网络，下面我来用一些具体沟通场景来展现社交破冰。

留下印象

我们可以通过自我介绍展现自我特色，让对方记住我们。自我介绍怎么做才能够让人印象深刻呢？只需要两步：

第一，我是谁。

第二，我名字的含义。

我们以小李为例子，小李原名叫李渝，他可以这样介绍自己：“你好，我叫李渝，不是可以吃的鲤鱼。”这时一定要有几秒钟停顿，给对方反应和笑的时间，然后解释：“虽然我不可以吃，但是我爱吃红烧鲤鱼。”

这样既告诉对方我们的名字，又对自己的名字的含义做了延伸，让人一听就很难忘记。

再比如我之前遇到过一位叫做石多莉的女生，她非常风趣，她是这么介绍自己的：“大家好，我叫石多莉，英文名字叫Story，我才不是一个没有故事的女同学。”她一说完，我们都哈哈大笑，心想她真是个有意思的人，所以她的名字我记到了现在。

我们每天都会遇到很多人，精力有限，没有办法记住太多人的名字，通过这样巧妙的自我介绍，相信别人一定会印象深刻。

在我们完成自我介绍之后，寻找与对方的共同点是加深交流的关键。共同点能够迅速拉近彼此的距离，为进一步的沟通打下良好的基础。

首先，同乡关系是一个非常有效的切入点。无论是老乡、同校、同行业还是同公司，这些共同点都能让对方感受到亲切和认同。我们可以说“听说您也是东北人，我也来自那里”或者“我们曾在同一所学校学习，说起来咱们是校友了”。这样的开场白能够迅速引起对方的兴趣，为深入交流创造良好的氛围。

其次，共同的爱好或兴趣也是建立联系的重要因素。如果我们发现对方有与自己相同的爱好或兴趣，不要犹豫，立即提及。例如：“我听说您喜欢旅游，我也是一个旅游爱好者。您去过哪些地方？我们可以分享彼此的旅行经验。”这样的话题往往能引起对方的兴趣，让双方的交流更加愉快。

再次，共同的朋友或共同认识的人也可以作为建立联系的媒介。我们可以说：“我听说您和王先生是好朋友，我也认识他，我们曾经一起合作过一个项目。”这样的开场白能够让对方感受到彼此的共同点和联系，进一步加深彼此的了解和信任。

最后，要注意的是，寻求共同点时要结合实际情况和对方的背景，不要过于强求共同点，以免让对方感到不自在或虚假。在交流中，要善于倾听和观察，及时捕捉对方的信息，以便更好地寻找共同点。

交流互动

当双方已经找到了共同点，开始聊天了，那么我们在互动环节中，需要展现出自己的专业素养和敏锐洞察力，与对方进行有深度和方向的交流。

提前做功课，了解对方的公司、行业动态和最新项目。通过浏览对方公司的官网、公众号、微博以及搜索对方行业的最新动态，我们可以获取到丰富的信息，这样在见面时，我们就能与对方聊得更深入，展现出我们对对方的关注和了解。

引导话题方向，经营双方关系。在与对方交流时，要有意识地引导话题，让双方的关系朝着我们期望的方向发展。例如，我们可以提及对方最近推出的新产品或取得的重大成就，表达我们的赞赏和认同，并进一步探讨背后的创新和策略。这样能够让对方感受到我们的专业素养和共同价值观，加深彼此的信任。

比如小李要认识广告圈的人，可以提前了解对方公司的信息以及最新的动态，见了面自我介绍之后可以说：“上次你们新产品的广告做得太好了，都成行业标杆了。我也是写广告文案的，看了这个广告真的觉得文案写得太妙了。”这里并不是在拍马屁，而是在和对方互动，让对方觉得我们是“自己人”，愿意沿着我们设计的话题聊下去。

在互动的过程中还要注意一个点，就是通过表达呈现出我们的价值。

在大多数时候，人脉是能够持续进行价值交换的人。比如我们会写作，某个人懂运营，他想开公司，那我们就可能成为他的人脉，因为我们的写作能帮他创立公司，他的运营能帮我们综合发展。

所以宴会上最重要的就是在短时间内展现自己可以被利用的价值，可以是口才、某方面的能力或者是某方面的人脉资源。这里有一个细节，也就是展现的表达方式，不是突然对对方说“我口才特别好”，而是让别人通过我们的行为觉得我们口才好。

大家聚在一起讨论某个话题时，我们可以以非常精简但又让人惊叹的词语发表某种看法，赢得大家的赞同，这样别人自然会觉得我们口才好。

如果我们想展现自己在某一方面的专业水平突出，便可以聊到一些趣事，吸引大家的注意力，然后通过这个趣事间接表达出自己专业水平的突出。

巩固关系

通过一个小“回访”，把双方的关系砸实。

在我们与对方愉快的交流即将结束时，有两个重要的动作可以帮助我们巩固关系，让交流的回响持续，并深化双方的关系。

第一个动作是发送一条有意义的微信消息。在宴会结束之后，我们可以给对方发一条微信，将自己的电话号码告诉对方，并附上一句：“今天的交流非常愉快，这是我的电话号码，有事随时联系。”这样的信息能够让对方明白我们愿意保持联系的愿望，并感受到我们的真诚和关心。

第二个动作是为对方做一件实事。在聊天过程中，我们可能会了解到对方的一些喜好或关注的事情，为了巩固关系，我们可以为对方落实这件事。例如，如果聊到了某位小说作者，我们可以送一本该作者的精装版或限量版书籍给对方；如果聊到了某部电影或某个饭馆的菜，我们可以将相关链接发给对方，告诉对方，自己看完 / 吃完了，可以交流一下；还可以找一个共同的好友，约出来一起喝咖啡，探讨一下未来合作的可能性。我们做这些的目的只有一个，就是通过一个小“回访”巩固彼此间的关系，让我们和对方的故事得以延续。

第二章

换位思考，促进协作

工作犯了错，如何有效道歉

轻松开口，高情商[illegible]需求

适当批评，虚心接受助成功

职场被抢功，如何[illegible]

职场有难，如何巧妙求助

跨部门协作，如何高[illegible]

导读

职场换位思考：说到对方心坎，促进协作

我们经常需要与不同的人进行沟通，但是很多时候我们会遇到各种沟通障碍，比如理解不同、语言不通、情绪化，等等，这些障碍会导致沟通效率低下，甚至会影响到工作的进展和结果。

在职场中，协作是推动团队和组织成功的关键，而有效的沟通在促进协作中扮演着不可或缺的角色。如果我们想和同事做有效的沟通以提高自己的工作效率，换位思考是一种非常实用的沟通技巧，可以帮助我们更好地理解对方的想法和需求，从而更加有效地进行沟通和协作。

协作表达的影响

当我们在职场中遇到需要为自己的错误道歉、拒绝额外的需求、接受批评、维护自己的劳动成果、请求帮助以及跨部门协作等情况时，如果我们能换位思考，从对方的角度多想一下，获得的反馈和结果都会不一样。

举个例子，假如老板批评我们，如果我们以为老板讨厌自己，面对他的批评时，我们的表现通常

有两种，一种是默默忍受，随便应付；一种是生气，消极对待。这两种都会让我们在职场上吃亏。但如果我们从老板的角度出发，我们第一时间会考虑：老板是不是希望我们意识到问题的存在并且提出解决方案？如果我们在这个方面下了功夫，那老板会觉得我们是有能力解决问题的人，而不是遇到问题选择逃避的人。

经常有人抱怨在职场中沟通困难，别人不了解自己的想法，导致迟迟完不成业绩。这是因为他们还不了解沟通的技巧，总是站在自己角度考虑问题。还有人则是过多地沉溺于沟通技巧和秘诀，沉浸在表面的形式中不可自拔。实际上，职场上真正有效的沟通并不是滔滔不绝、口吐莲花地说服对方，也不是一味低三下四、拉下脸面讨好对方，更不是言语恐吓、连打带吓威胁对方。真正有效的沟通应该是换位思考，站在对方的角度思考问题，想对方之所想，急对方之所急，寻求双方的利益共同点，设计双方共赢的方案。这样推心置腹的沟通才最有效，更能获得对方持久的信任。

本章通过“职场换位思考：说到对方心坎，促进协作”，让大家学会在遇到职场 6 大棘手的沟通场景时换位思考，从而帮助大家更好地理解对方的立场和需求，更加有效地进行沟通和协作。

小贴士

1 建立信任

有效的表达能力使得团队成员更容易理解和信任彼此，从而建立起团队内部的信任基础。

2 消除误解

清晰而恰当的表达有助于避免信息误解，减少团队内部的沟通障碍，提高协作效率。

3 激发积极性

良好的表达能力能够激发团队成员的积极性，让他们更有动力投入到协作中，共同追求团队的目标。

4 加强团队凝聚力

在协作中展现出的良好表达能力有助于形成团队凝聚力，使团队成员更紧密地团结在一起。

工作犯了错，如何有效道歉

❶ 案例故事　❷ 错误的道歉方式　❸ 道歉三步法　❹ 道歉被拒绝的应对方法

案例故事

道歉是一门大学问，职场上会道歉，还可能给我们带来升职加薪的机会。

我有一个朋友阿辉，因为频繁道歉被升为部门经理，刚知道这个消息时，我和其他几个朋友都很意外。有个朋友问他："经常道歉不会被当成欺负的对象吗？万一同事都把责任推卸到你身上，那你该怎么办？"

阿辉笑笑说："每当工作出现问题时，我们总会用内心的理由来衡量，想着'我又没错，为什么要道歉'，但在我看来，如果无法明确责任归属，我会先承担起自己应承担的部分。"他的坦诚让在座的人陷入了沉思，阿辉继续说道，"这种做法让我在项目中快速取得进展，最终因工作出色而升任部门经理。"

其实在职场中，问题不在于是否道歉，而在于如何正确地道歉。真诚的道歉是发自内心的反省，很多职场人犯了错误更多的是在辩解。比如道歉时说："我很抱歉，但策划人不是我。"这看似是道歉，实际上是在指责他人。

只要与人共事，需要向人道歉的情况就会存在。我们需要明白，道歉并非软弱，而是积极承担自己工作责任的表现。

错误的道歉方式

在职场中，我们都能意识到遇到问题时要道歉的重要性，但有时结果并不如我们所愿，其实是我们的道歉方式出了问题。错误的道歉方式主要有以下三种：

错误方式一："但是……"型

这种道歉方式实际上是在指责对方，而不是真心实意地道歉。例如："我很抱歉没有按时完成项目，但是你给的截止日期太紧了。"这种说法是将焦点转移到了对方身上，而不是对自己的行为负责。

错误方式二：推卸责任型

这种道歉方式实际上是试图把责任推给别人或外部因素。例如："我很抱歉，但我没完成工作是因为同事没有及时提供资料。"这种道歉方式没有对自己的行为负责，而是试图把责任转嫁给他人。

错误方式三：轻描淡写型

这种道歉方式实际上是过于轻松地对待问题，没有真正认识到自己所犯错误的严重性。例如："哦，那没什么大不了的，别在意了。"这种轻描淡写的态度可能会让对方觉得道歉者并没有真正认识到问题的严重性。

据我观察，在职场上道歉时，大家基本都绕不开这三种类型，那么我们要怎么正确道歉呢？

道歉三步法

有效的道歉有三步，分别是：反思过去、致歉现在、补偿未来。

第一步：反思过去，明确错误。

在道歉之前，我们需要认真思考自己的行为和言论，明确意识到错误的严重性和影响。我们不仅要分析事实层面的错误，还要深入思考自己的态度、情感和动机，这样才能真正理解对方的感受，并表达出真诚的悔意。

在反思过程中，我们要勇于承担责任，不推卸、不辩解，客观地分析自己的错误，不找原因来为自己开脱，同时要注意不要让自己过分自责或陷入消极情绪中，以积极的态度面对错误，寻求改正和进步。

常用句型：这件事，因为我的……原因，造成了……后果。

第二步：致歉现在，真诚表达歉意。

在明确自己的错误之后，我们需要通过真诚的语言向对方表达歉意。我们在道歉时，要直接、诚恳地表达自己的歉意，避免使用模糊或委婉的措辞，同时要充分考虑到对方的感受，用温暖和关怀的语气表达歉意，让对方感受到自己的真诚和善意。

除了口头表达歉意，我们还可以通过书面形式向对方传递诚意。在书写道歉信或便条时，我们要注重情感表达和文字的温暖感，让对方感受到自己的真诚和重视。

常用句型：我为我的错误真诚地向你道歉。

第三步：补偿未来，积极弥补错误

道歉不仅仅是我们口头上的表达，更需要通过实际行动来弥补错误带来的影响。在补偿过程中，我们要积极思考、主动行动，根据具体情况制订相应的补偿方案。

方式可以多种多样：提供实质性的赔偿、改进自己的工作表现、承诺不再犯同样的错误等，重要的是要显示出自己的诚意和决心，让对方感受到自己的努力和改变。

常用句型：我将用……来作为补偿；我马上做……来进行补救。

我们经常听到“知错能改，善莫大焉”这句话，所以，善于自我纠错的人其实是非常难得的，这代表着那个人有着积极主动的态度，所以我们的积极不能只停留在语言上，而是行动上。接下来我们来看一下道歉三步法运用的例子：

“老板，我想就最近的项目延误一事向您表示诚挚的歉意。因为我的疏忽，没有及时跟进项目的进度，延误了项目交付时间。我深知这给您和团队带来了额外的压力和不便，我为此感到非常抱歉。回顾整个事件，我意识到自己在项目管理和时间规划上的不足。我没有充分预见到可能出现的困难和问题，也没有及时寻求解决方案。这是我个人的失职，我对此深感愧疚。为了确保类似的问题不再发生，我制订了一份详细的改进计划。我将加强项目进度的监控，提前预见并解决潜在问题，同时，我也会寻求团队成员的意见和建议，以提高我们的工作效率和准确性。再次向您表示我的歉意，希望能得到您的谅解，如果有任何其他问题，咱们随时联系。”

如果我们实在不知道怎么弥补错误，可以直接向对方请教。比如我们可以说：“王总，我们做得不够好，给您添麻烦了。光弥补损失还不够，您能给我们指条明路吗？让我们心里过得去。这对我们也是个学习的机会，我们一直在追求进步。”

这个方法特别好用，就算我们已经有了方案，也可以在快结束时请教对方，给事情留下一些悬念。比如，我们可以说：“这事是我做错了，我回去肯定会落实整改。但要是发生在一个不讲理的人身上，那我可就惨了。所以，我想请您给我提提建议，以后怎么做才能避免再犯错。”

在我们恭维对方并向他请教后，对方会觉得受到尊重，可能会给我们提几条建议。一旦他这么做了，那就意味着他原谅我们的错误了。

弥补措施真的很重要，它能让错误变成关系升华的契机，让人看到我们谦卑的态度，给人留下好印象。所以，只要我们在犯错后及时采取行动，用这三步来道歉，我们绝对能够巧妙化解矛盾，更有利于未来关系的融洽与延续。

道歉被拒绝的应对方法

当我们反思并谈到了未来的弥补措施后，一般道歉的过程应该就结束了，但现实有时候并不那么简单。无论我们多么真诚地道歉，对方可能还是无法轻易原谅我们。

这时候我们要明白，道歉不仅仅是为了让对方原谅我们，更是为了我们自己的内心得到安宁，所以不管对方是否接受我们的道歉，我们都应该把道歉的流程走完，对自己有个交代，向对方展示我们认识到了错误并愿意改正的态度。即使对方暂时无法原谅，我们也已经迈出了重要的一步，这样，我们才能真正放下心中的包袱，向前看。

明确这点之后，我们来看对方拒绝接受道歉时我们的应对方法。

方法一：小事给点时间缓冲

如果只是小过失，而我们第一次道歉没起作用，那就稍微等一段时间再进行沟通。这个时间间隔最好是一个星期左右。拖太久不仅显得没诚意，让对方在快忘记这件事情的时候重新想起不好的回忆，更糟糕的是可能会影响到双方的利益。比如说，如果我们过了很久才去找老板反省，可能会影响老板对我们季度考核的评价。所以这种方法只适用于小事情，而且要注意适度。

方法二：大事别自己硬撑

如果我们犯了大错，对方就是不肯原谅，别硬撑着，该请示上级的时候就赶紧请示。

客户和老板天天都要面对各种问题，他们对于错误是有心理准备的，只要我们认真道歉并提出补偿措施，通常不会影响我们之间的关系。工作中谁都会犯错，但“亡羊补牢，为时未晚”，有些人一旦犯了错，就会觉得老板和同事都看不起自己，然后自暴自弃，但我们别忘了，还有一句话叫“戴罪立功”。出现错误可能是由于意料之外的情况，我们在纠正错误的过程中也可能发现新的问题。如果我们能发现并弥补单位的漏洞和缺陷，不仅挽回了损失，还避免了类似错误的再次发生。这样的“功”摆在老板面前，虽然他不会忽视我们的“过”，但我们的“功”是不是更大呢?

总之，当我们犯错时，弥补错误和解决问题应该是首要任务，在这个过程中，有效的道歉是非常重要的，可以通过道歉让对方感受到我们的诚意和决心，缓和职场矛盾，促进相互协作。道歉三步法非常实用，可以帮助我们更好地进行沟通和表达自己的想法。

轻松开口，高情商拒绝附加需求

❶ 案例故事 ❷ 不懂拒绝的心理原因 ❸ 高情商拒绝三步法 ❹ 合理拒绝的必要性

案例故事

在工作中，如果我们不懂拒绝，就不仅是吃亏这么小的事了，甚至可能会让我们失去对自己整个人生的掌控。

冰冰就是一个不懂拒绝别人的典型，她的口头禅是“好的，交给我吧”，因此，她身边的同事总是想出很多理由把工作推给她做。虽然冰冰心中并不情愿，可就是不知道该怎么拒绝他人，明明自己的工作都忙不过来，还是接下了很多本来该别人干的活儿。她实在没办法，只好不停地加班，结果不仅搞得自己身心疲惫，本职工作也一直没有起色。

我问她：“为什么会答应接手那些不是你职责范围内的工作呢？”

她说：“因为我不想让别人失望。”

在职场上，我们总会遇到一些难以拒绝的时刻。有时候是老板临时加塞的工作任务；有时候是同事突然请求我们帮他完成工作；有时候是组员希望我们帮他完成一部分工作。

虽然善良是我们的本性，但是无底线地接受别人的要求并不能让我们得到想要的东西，反而会让我们失去更多。如果我们总是不拒绝别人，别人就更容易忽视我们的感受。长此以往，没有人会考虑我们的想法，我们可能会成为团队里可有可无的存在，逐渐被边缘化，也可能会因为不懂得拒绝而陷入内耗，没有精力去完成重要的事情，也无法专注于自己的成长。

有时候我们会觉得，求助和接受只是简单的一句话，而拒绝却需要我们想破头脑编出一堆理由，最后我们可能会打消拒绝的念头，默默地接受。拒绝别人好像成了我们最不愿意做的事情。

不懂拒绝的心理原因

哈佛大学的一项研究指出，学会合理地拒绝能减少生活中 90% 以上不必要的麻烦，避免时间和精力上的浪费。拒绝是一门人生必修课，然而，很多人觉得说“不”很难，尤其是面对职场上他人不合理的请求时。实际上，我们不擅长拒绝他人，主要是因为我们无法承受拒绝别人后自己心里的感受，一般存在以下三种心理认知障碍：

1. 害怕得罪对方

有些人会担心拒绝他人会破坏双方的关系，引发冲突或给自己带来负面评价。这种担忧使他们不断地满足他人的要求，试图通过讨好别人来获得自我价值的肯定。

2. 认为拒绝他人会显得自己能力不足

有些人可能对自己有很高的期望，相信自己应该无所不能。因此，当他人提出请求时，不管是否与自己相关，他们都习惯于大包大揽。

3. 过度的同理心

有些人对他人的痛苦和困境非常敏感，并希望通过自己的努力减轻他人的痛苦。因此，当他人提出要求时，他们出于同情心而难以拒绝。

在职场上，“不懂拒绝”是一个无形“杀手”，正在收割那些善良软弱的职场人。

如果我们不懂拒绝，让他人习惯了向我们无度索取，那么一旦我们有一次说了拒绝，就可能成为他人口中的“罪人”。为了维护同事关系和睦，很多人付出了很多，承担了更多的工作和责任，然而，这样的付出往往得不到应有的回报和认可。

实际上，每一个职场人都是独立的个体，应该守住自己的原则和底线。我们有权拒绝那些不合理或超出自己能力范围的要求。这并不是自私或无情，而是对自己和他人负责任的表现。那么，如何在职场上优雅地拒绝他人呢？

高情商拒绝三步法

在职场中，我们经常会遇到各种各样的请求，有些是我们力所能及的，但有些却超出了我们的能力范围或违反了我们的原则，这时候，我们必须要学会拒绝。拒绝并不意味着要伤害对方的感情，也不意味着要破坏彼此的关系，因此，我们需要掌握一些拒绝的艺术和技巧。以下的“高情商拒绝三步法”可以帮助你优雅地表达拒绝，同时保持良好的人际关系。

给出一个拒绝的理由

在拒绝别人之前，我们需要先明确自己的立场和原则，这样能够帮助我们坚定地表达自己的想法，同时避免不必要的冲突和误解。例如，如果我们认为某项工作不在自己的职责范围内，或者我们没有足够的时间和资源来完成它，那么我们需要清楚地表达出来。很多人在拒绝别人的时候一般都会说“我很忙”或者“我有事”，但是这样直白地表达出来很容易伤害同事间的情谊，所以我们在表示拒绝的时候一定要委婉。这里教给大家一个委婉谈话法，教大家委婉表达拒绝的理由。

这个谈话法遵循“好、坏、好”的逻辑，先肯定，再否定，最后再肯定。我们来看看在具体场景下我们要怎么表达：

同事想请我们帮忙写个 PPT 报告，我们想拒绝，这时候我们可以先给对方一个友善的态度，并且说：“我看得出这份 PPT 的内容撰写对你来说非常重要，确实需要投入大量的时间和精力，你真的很用心。”

接下来，解释无法帮忙的原因。我们可以说：“很抱歉，我今天的工作安排特别紧凑，老板交付的任务量较大，我恐怕没有足够的时间来完成这项任务，而且，我下班后还约了人，餐馆也订好了，不能爽约。”

最后再次向对方表达鼓励：“其实报告撰写是你的专长，你上次的报告也让我们眼前一亮，相信这次结果也会更好。加油，等忙完这阵好好休息下。”

通过这种方式，我们既表达了对同事的肯定和关心，又合理地解释了自己无法帮忙的原因，同时还给予了他一些鼓励。这样一来，我们既避免了直接拒绝的尴尬，又保持了良好的同事关系。

降低对方的期望

别人有事找我们帮忙，我们又不能一上来就拒绝时应该怎么做？这里有个小方法，就是降低对方的预期，让对方知道我们很忙，对他这个需求只能见缝插针地做。还是拿上面的那个例子，同事请我们帮忙完成一份 PPT 报告，我们可以说：“可以，我很想帮这个忙，但是我现在手头上有几个老板的急活，我要做完才有时间做其他的事情。但是我时间比较紧，帮你做了之后可能还要忙其他工作，估计没有时间修改。”

这个时候，如果同事的工作很急，他就要权衡一下是否需要我们帮忙了，如果他要保质保量地完成工作，那么他就不敢把工作都压在我们身上，这样我们既不会得罪他，又不会委屈自己。

拒绝的同时帮对方想一个解决办法

当同事找我们做 PPT 时，我们可以这样说：“我知道你现在很着急，但是我也是分身乏术，我知道有几个可以快速生成 PPT 的工具，你拿去用用，看看有没有帮助。”

不管这个解决办法能不能帮到对方，至少要让对方知道我们是有心帮他解决问题的，而不是冷漠地拒绝他。这样做不仅可以给对方留下一个热心的形象，也很可能真的给了对方一个正确的解决思路。

在未来的职场工作中，我们会遇到各种各样的人和事。有些事情是我们力所能及的，有些事情则是我们需要拒绝的。学会如何优雅地表达自己的想法和立场不仅能够让我们更好地应对各种挑战和困境，也能够让我们在职场和生活中更加自信、独立、自主。学会高情商拒绝三步法，以后在职场上我们也可以学着在不伤害彼此情谊的情况下拒绝别人。

合理拒绝的必要性

最后，我想跟大家说说学会合理拒绝的重要性。在职场中，我们时常面临各种请求和要求，尽管许多人认为我们不会拒绝，但实际上，我们只是不敢拒绝。为了增强自己“敢”的勇气，我们必须明确自己的底线和原则，我们要明白，合理的自我保护和维护自我利益并不等同于自私。这个世界上并不存在绝对的黑白分明，在自私和无私、合群与孤僻之间存在着一个广阔的灰色地带。我们需要了解自己能为别人付出的界限以及可以妥协的界限，在界限之内的事情，我们可以大方地答应；超出界限时，我们应该坦然地拒绝。如果我们是一个从不拒绝他人的老好人，我们可能避免了伤害他人，却一直在伤害自己。在外人看来，老好人热情、乐于助人、值得信赖，但老好人的内心痛苦和困扰只有自己知道。

当我们面对别人的请求时，一定要仔细衡量整个事情的利弊。帮助别人是否会损害自己的利益？我们拒绝他们是否能够承担后果？与轻率地答应相比，经过深思熟虑的决定更不容易让人后悔。这样不仅对得起同事和自己的良心，更对自己负责。

我们要明白，每个人在提出请求时都已做好被拒绝的心理准备，甚至他们可能比我们更认同拒绝这一选项。世界上抱着试一试的心态提出不靠谱要求的人有很多，不要认为对方满怀希望地找我们就意味着他们非我们不可。

因此，在职场上合理地拒绝是对彼此的尊重，这样才能避免陷入“索取—被消耗”的恶性循环中。维持一个平等、和谐的职场关系不仅方便自己，更有益于他，学会拒绝别人，我们才能更好地掌控自己的生活和工作。

适当批评，虚心接受助成功

❶ 案例故事 ❷ 面对批评的错误表现 ❸ 接受批评四步法 ❹ 被误会时处理的小 tips

案例故事

在职场中，受到老板的批评是常见的情况。当我们面对批评时，大多数人的反应是不悦、抱怨，甚至以消极的态度对待工作。然而，作为职场人，我们应该意识到自己与公司的利益是一体的，我们需要正确认识和承受老板的批评，并树立一种思想：上级交付任务是对我们的信任，也是我们的成长机会。正确的态度是：理性分析批评内容，查找自身不足，及时纠正并改进工作方法。

一些人在面对批评时会出现负面情绪，他们可能会因为面子上挂不住而恼羞成怒，或者表面接受但内心怨恨。这种态度不仅不明智，而且会严重影响与老板之间的关系和自我提升的机会。这里有一个案例：

小李是一个工程估价部门的主任，他在工作中犯了错误，被核算员发现并告知了老板。老板找他谈话，然而，他不仅没有虚心接受批评，反而大发雷霆，认为核算员没有权力越级报告。尽管经理对他这一次的错误网开一面，但后来小李又犯了同样的错误，并且态度恶劣，不肯承认错误。最终，经理不得不请他另谋高就。

小李负面回应老板的批评反映了他不良的做事态度，这种态度严重影响了他与老板之间的关系和自我提升能力，最终导致他被辞退。

面对批评的错误表现

批评是老板对我们个人工作的反馈，也是我们学习的机会。它像一面警钟，时刻提醒我们保持最佳的工作状态。但当批评来临，我们是否都能以理智的态度对待呢？事实上，很多人在面对老板的批评时，常常会陷入以下三种误区：

不服气。有些人认为自己的工作已经做得很好了，当被老板批评时，他们会觉得委屈和不公，甚至与老板争执。这种不服气的态度不仅无法解决问题，还可能影响工作氛围和团队关系。

不买账。有些人对老板的批评持怀疑甚至抵触的态度，认为老板在找茬或者故意挑刺。这种态度可能导致工作上的疏离感，影响工作效率和团队合作。

认为不公平。有些人觉得老板的批评并不公正，觉得自己受到了不公平的待遇，于是心生怨气，对工作失去热情。

职场中，每个人都有自己的软肋和敏感点，然而那些一点就着，轻易发火的人可能会陷入自卑的陷阱。这类人通常有两种反应：习惯性自证和自动化反击。这种反应恰恰暴露了他们缺乏自信的缺点。而那些真正强大的人，他们能够从容地面对各种批评，不轻易受到伤害。因为他们拥有独立的思想，不需要通过自证来捍卫自己的尊严。在职场中，高情商的人往往能在面对批评、质疑甚至挑衅时保持冷静。

接受批评四步法

接下来教大家四个步骤，帮大家正确应对老板的批评，并且让老板对我们满意。

第一步：确认批评的原因

在这个步骤中需要注重四点：

保持冷静。有些人一看到老板脸色不对就开始急眼，但其实在这种时候暴露我们的情绪是不合适的，只会让老板觉得我们扛不住事，以后有重要的事情也不敢派给我们了。如果实在觉得情绪一上来很难控制住，我们可以试着先做 3 个深呼吸，内心暗暗告诉自己要放松，然后再去找老板，这样更能减少冲突发生。

仔细听完老板的批评，并记录下来。这个过程中一定不要急于发表自己的看法或辩护，我们要先认真听取老板的意见，了解老板对自己工作的期望和要求。

正面回应。不要说“您消消气”这样的话，而是要肯定老板的情绪，我们要说：“老板您批评得对，我现在完全明白了，您现在肯定特别着急。”老板现在正在气头上，如果我们叫他不要生气，相当于在讲一句废话，正确的做法就是“顺毛”肯定他的看法。

确认原因。确认好老板批评我们的原因，如果老板刚刚没有说清楚，我们要再问问老板，把自己理解的情况再转述一遍给他听，确认一下是否理解有误。千万不要含含糊糊地就过了，应该再追问一些细节，例如：“老板，这件事您这么一说，我才知道我做得不好，但是在 XX 方面，我还没有很明白，您能再提点一下我吗？”这样做除了让我们明白老板生气的核心点，还能帮助我们避免一些“冤枉”。如果其中存在一些误会，我们也可以及时地跟老板澄清。

如果有误会，也千万不要说“这事又不赖我，我干吗要道歉”，这就精准踩到了我们前面说的面对批评时候的错误表现。在职场中，我们对待一件事情的态度恰恰可以看出我们对事情处理的态度和化解危机的能力，以及我们心理年龄的成熟度，如果我们说出这句话，就容易让老板觉得我们对于这个事件的态度是无所谓的，也没有能力处理好，甚至还很幼稚，那他以后还怎么放心把大事交给我们呢？

如果有些错误的责任不在我们，也不要当着老板的面一顿解释，因为老板现在正在气头上，我们一解释，反而会让他觉得我们在推卸责任。正确的做法应该是等过几天老板心情平复了，再去找他解释。

第二步：理解批评背后的期待

我们很多人犯了错误会和案例中的小李一样，感到愤怒，甚至觉得老板是否有意针对自己，但是我们换个角度思考一下，老板指出我们的错误不是在否定我们，而是希望我们下次可以做得更好。我们这次犯错了没关系，下次注意改正就可以。

我们要明确一个点，自己在老板手下工作，任务就是协助他把项目做得更好，我们出了差错，他作为老板，提醒我们是他的职责所在，他也要为我们交付的成果负责。明白这个之后，我们要思考，现在老板最想要的是我们有什么样的改变，是希望我们下次不要再犯错误，还是希望我们尽快交出一个解决方案？我们要理解老板批评背后的期待，而不是认为老板是在“找麻烦”。

第三步：提出解决方案

接下来，我们就需要提出解决方案，我们可以说：“我明白您的意思，我想了几个解决办法，您看行不行？”让老板把注意力转移到解决方案上，而不是我们的错误上。

如果是我们出了失误需要补救，那我们要具体说明怎么改，有哪些步骤；如果是我们的工作没有完成，我们要告诉老板现在的进度，预计什么时候完成；如果暂时想不出解决方案，那可以告诉老板我们接下来的规划，以及在什么时间点给出解决方案。

第四步：主动设置反馈点

最后一步，我们要主动提出反馈的节点。可以具体地告诉老板新方案落实到什么时候，跟他反馈进度。一旦我们设置了反馈点，老板就知道我们听懂并接受了批评，并且情绪很稳定，态度很积极。这样即便是我们犯了错，他对我们的印象也会有好转。

更重要的是，当我们再找老板反馈工作的时候，相当于我们跟老板之间的沟通又多了一步，有利于修复彼此的关系。

被误会时处理的小 tips

事情解决好了之后，如果我们在这件事情上面是被冤枉、误会的，那么我们一定要找老板说清楚，以下有两种场合可以跟老板解释：

正式场合

我们可以选择一个合适的时机，例如工作汇报或者会议时借机向老板解释事情的真相。在解释的过程中，我们要保持冷静和客观，避免情绪化或攻击性的言语，同时提供具体的事实和证据来支持我们的观点，让老板更加信任我们。

这里要注意的是，我们只谈事情的起因经过，不要去解释责任在谁的身上，因为这样可能让老板觉得我们在质疑他的判断。老板听完解释，自然会有自己的判断。

非正式场合

我们可以利用一些日常交流的机会，例如在和老板一起吃饭、喝咖啡或者等电梯时自然地引入话题，解释误会。这种场合下，我们的语气和方式可以更加轻松和自然，但同样需要注意不要过于啰唆或情绪化。

无论在正式还是非正式场合解释误会，我们都要尊重老板的意见和决定，不要试图强行说服老板或者推卸责任，而是要以合作的态度寻求共识和解决方案，共同推动工作的顺利进行。同时，我们也要注意不要过于频繁地解释，给老板留下不负责任或者推卸责任的印象。

在职场上，被老板批评是很常见的事情，就像生活中，我们有时候也会受到别人的批评和指责。其实老板的批评并不一定是负面的，它可能是一种反馈，让我们知道自己在工作中存在的问题和不足。如果我们能够理性地对待老板的批评，认真听取意见并积极改进，那么我们的工作表现就会得到提升，职业发展也会更加顺利。

当然，面对批评时我们也不能过于自责或者沮丧。每个人都有自己的优点和不足，工作中出现问题也很正常，关键在于我们如何去面对和解决这些问题。如果我们能够坦然面对自己的错误和不足，并积极寻找解决问题的方法，那我们就会不断进步，变得更加优秀。

其实老板们很清楚员工的工作表现是有起伏的，他们也知道每个人都会有犯错的时候。只要我们能够以积极的态度去面对问题，用实际行动去改进自己，那么老板们也会对我们更加信任和支持。

总之，面对老板的批评时，我们不要惊慌失措或者沮丧，而是要保持冷静和理性，认真听取意见并积极改进。我们要相信自己的能力和价值，不断努力提升自己，只有这样，我们才能在职场上不断成长和发展，获得更多的机会和成功。

职场被抢功，如何有效应对

❶案例故事 ❷成为自己工作的代言人 ❸万能反击两步法 ❹其他场景解决技巧

案例故事

职场是一个充满竞争与挑战的舞台，我们常常会遇到各种各样的人，有些人为了自己的利益不择手段，甚至会抢夺别人的功劳。面对这种情况，很多职场新人可能会感到束手无策。这里有一个例子：

小文与同事小王共同处理了一单工程材料问题。当公司李副总对他们表示赞扬时，小王却独自揽下了所有的功劳。小文站在一旁目睹了这一切，他想要为自己争取权益，但小王已经抢先一步，滔滔不绝地讲述他们的努力与成果。李副总对小王的赞赏溢于言表，对小文只是简单的鼓励。

两人走出办公室，小文质问小王，得到的却是他的苦衷与恳求。小王说，自己的行为是出于无奈，希望小文能理解并帮助他。随着时间的流逝，同事们纷纷传言，小王经常抢夺他人的功劳。尽管如此，他仍然在公司里如鱼得水。

面对职场的竞争与挑战，我们不仅要学会保护自己的权益，更要坚守道德底线，不因一时的利益而迷失自我。在现实职场中，这种“邀功精”随处可见，而且他们也很聪明，稍不注意就没办法发现。他们通常具备以下特征：

抢占他人成果。“邀功精”常常将别人的努力和成果占为己有，通过各种手段将自己的名字与他人的工作成果紧密相连。

夸张表现。为了达到邀功的目的，他们常常过分夸大自己的贡献和业绩，甚至捏造事实来提升自己的形象。

擅长人际关系。他们通常很擅长处理人际关系，通过与上级、同事的交往来获取更多的信息和资源，为自己的邀功铺路。

这些人的行为在一定程度上破坏了职场上的环境，比如破坏团队关系，导致同事之间产生不信任和矛盾，同时可能会让真正付出努力的人失去动力，影响个人职业发展。

作为职场人，我们要学会识别和防范“邀功精”，维护良好的职场环境，同时也是维护自己的职场权益。那我们面对“邀功精”时到底该怎么办？

成为自己工作的代言人

在职场中，有时候我们付出了很多努力，却无法得到应有的认可和赞誉。这时，就需要我们学会成为自己工作的“代言人”，有效地展示自己的成果和价值。

首先，我们要学会主动汇报工作进展和成果。不要等到老板问起才想起汇报工作，而是要在任务开始之前就制订好计划，并在遇到关键节点及时向上级汇报工作进展。我们在汇报时，要用简洁明了的语言阐述工作内容、工作的完成情况、遇到的问题及解决方案等，让老板更加了解我们的工作情况。

其次，要学会突出自己的工作亮点。在汇报工作时，我们要着重突出自己的工作亮点和成果，让老板更加关注我们的贡献。我们可以通过数据、案例、比较等方式来展示自己的工作成果，让老板更加信服。

再次，还要学会与同事协作。在职场中，与同事协作是不可避免的，在协作过程中，我们要积极主动地承担责任，发挥自己的优势，与同事一起解决问题。在团队中树立良好的形象可以增加老板对我们的信任和认可。

最后，要不断提升自己的专业素养。在职场中，只有不断学习和提升自己的专业素养才能更好地应对各种挑战和机遇。我们可以通过参加培训、阅读专业书籍、向资深同事请教等方式来提升自己的专业素养，让自己在职场中更具竞争力。

总之，成为自己工作的“代言人”需要积极主动地展示自己的成果和价值。通过主动汇报工作进展和成果、突出工作亮点、与同事协作以及提升专业素养等方式，可以更好地展示自己的价值和贡献，从而在职场中获得更多的机会和发展空间。

万能反击两步法

尽管我们做了充足的准备，可是职场上经常防不胜防地出现有心人直接抢我们的功劳。面对这种情况，首先要明确的是，忍气吞声绝不是解决之道。因为抢功者往往有第一次就会有第二次，直到将我们的付出视为囊中之物。尽管如此，我们也不应轻易陷入情绪，而是要冷静分析，寻求最佳策略。

当我们觉察到自己的努力被他人窃取时，应立刻采取行动。这不仅仅是为了自己，更是为了向其他人发出明确的信号：这样的行为不会被我们容忍。我们的反应越是果断和强烈，抢功者下次再尝试时就会越犹豫。

那么，如何优雅地进行反击呢？在这里给大家一个万能反击两步法：

第一步，找到抢功的同事先礼后兵，沟通过程要体现出自己的礼节与原则。具体的沟通表达公式有：

【感谢 + 原因 + 建议 + 后果】

例如：“嗨，（同事姓名），首先我想感谢你在项目中的贡献，你的工作对整个团队都非常重要。其次我希望我们能够坦诚地交流一下，因为我对最近的一些事情感到有些困惑。我发现在项目中有一些工作似乎被老板误解了，我觉得这可能会导致整个团队的工作产生一些混乱，所以下次找老板沟通汇报时，我觉得您可以带上我，这样有什么问题，我们可以一起给老板解答。最后，我希望我们能够更加清晰地界定每个人的工作范围，这样可以避免类似的情况再次发生。如果我们不能解决这个问题，可能会影响整个项目的进展和最终的成果。我相信通过我们的沟通和合作，可以找到解决问题的最佳方式。”

第二步，找老板沟通，这个过程我们要有理有据。具体的沟通表达公式有：

【事件 + 错误 + 再反馈 + 道歉】

例如："老板，我想和您谈一下最近的一个工作情况。在刚刚 XX 进行项目报告提交和汇报的过程中，我发现有一些小错误需要进行修改，我会尽快完成并在 1 个小时内重新提交给您。这次出现的问题主要是由于我没有及时与 XX 沟通清楚，导致了这样的误会，我对此感到抱歉，后续在这个项目中，我会加强和 XX 之间的配合，让我们的项目进行得更加顺利。"通过这一番话，项目报告到底是谁做的，老板便心知肚明。

在我们与老板沟通时，应该避免直接指责某人。我们可以客观地描述问题，强调自己的付出和努力，同时提出解决方案。例如："我注意到我的某些工作成果被误解成别人的了，我在此进行澄清和分享，以便大家更好地理解整个项目中每个人的贡献。"

此外，收集证据也是关键。无论是邮件、聊天记录还是项目文件，都可以作为我们证明自己贡献的有力证据。这样即使需要向老板或其他人进行澄清，我们也能有理有据地为自己辩护。

总之，当我们遭遇职场抢功时，既要坚决维护自己的权益，又要保持冷静和理智。通过合适的沟通方式和充分的证据准备，我们可以为自己争取公正的待遇，并且为了防止类似的事情发生，我们在项目开展的过程中要找对时机，及时有规律地向老板汇报。

为了预防类似情况的发生，在以后的工作过程中我们要及时跟老板汇报，先下手为强。公式为：

【事件 + 进度 + 反馈 + 询问】

例如："老板，我想和您汇报一下最近的工作进展。我们正在进行一个重要的项目，目前已经完成了一部分工作，进度还算顺利。我想及时向您反馈我们的工作情况，以确保您对项目的进展有一个清晰的认识。同时，我也想请您对我们的工作进行指导和支持，以确保项目能够按时完成。如果您有任何建议或意见，请随时告诉我们，我们会尽快进行调整和改进。"

通过以上的方法步骤，我相信在职场上我们可以很好地应对被抢功劳的情况。但是如果功劳是被直属上司或者其他部门的人抢走，难道我们只能忍气吞声吗？其实也不一定，以下技巧，让我们能够在职场上真正守护住自己的功劳，让自己的苦劳和功劳有所收获。

其他场景解决技巧

当功劳被直属上司抢走：为他铺路 + 等待回馈

面对自己的功劳被直属上司抢走的情况时，许多职场员工感到无奈和气愤，但是我们需要明确的是，我们需要从长远的角度来看待这个问题。

第一，我们的工作表现和升职加薪的评估决定权掌握在直属上司手中，因此，从某种程度上说，当我们的功劳被直属上司抢走时，我们实际上是在为直属上司的前途铺路。这样不仅可以提高直属上司的工作绩效，同时也可以提升我们在直属上司心中的地位。

第二，我们需要有耐心地等待回馈。有时候，直属上司抢了我们的功劳后可能会在以后的某个时刻回馈我们。当直属上司晋升后，如果他发现自己的团队中缺乏得力干将，他很可能会回过头来提拔我们，这样的回馈可能会比我们原本的功劳更有价值。

第三，如果直属上司只是将我们的功劳据为己有，从不提拔和回馈我们，那么我们就需要考虑是否应该继续在这个上司手下效力。因为这样的上司只会埋没我们的才能，无法让我们发挥出自己的潜力。

总之，当我们的功劳被上司抢走时，我们需要学会向上管理。不仅要为上司的前途铺路，还要有耐心等待回馈。同时，如果我们发现上司无法提拔和回馈自己，那么我们需要考虑是否应该继续在这个上司手下效力。在职场中，我们需要学会保护自己的利益，同时也需要懂得如何与上司进行有效的沟通。

当功劳被跨部门团队抢走：公示进度 + 保留证据

面对功劳被跨部门团队抢走的情况时，我们需要明确一点：我们的工作成果是有价值的，不应该被他人轻易夺走。因此，我们需要采取一些措施来保护自己的权益。

第一，公示进度。当我们完成了一项工作或项目时要及时向老板汇报，并明确指出这是我们负责的项目，这样可以避免他人抢走我们的功劳。

第二，保留证据。在工作中，要养成随时记录工作进度的习惯，如使用邮件、即时通讯工具等。这样，即使有人试图抢走我们的功劳，我们也可以用证据证明这是我们自己的成果。

还有一些其他的建议可以帮助我们避免类似情况的发生：

加强沟通。与团队成员保持良好的沟通，及时了解彼此的工作进展和计划，这样可以避免出现重复工作或被人抢先一步的情况。

增强自己的能力。通过不断学习和提高自己的能力，可以使自己在工作中更有竞争力，从而避免他人抢走自己的功劳。

在职场中，有时候我们的成果可能会被他人窃取，这时候，我们需要保持冷静和理智，采取积极的行动来维护自己的权益。我们不能让自己的努力和功劳被别人轻易抢走，要懂得向上沟通和汇报，让老板知道我们的工作成果和价值。在这个时代，我们不仅要做事情，还要学会表现自己的成绩和功劳。我们需要展现自己的能力和价值，为自己争取应有的回报和认可。

我们也要学会发挥团队的力量，借助他人的长处来提升自己的工作效果。通过团队合作和分享，我们可以更好地展示自己的工作成果和价值，也能加强团队凝聚力和合作精神。

在工作中，我们要学会汇报，但也要注意方式和技巧。不要过于生硬或目的性太强，可以在不经意间流露出自己的工作和成果。这样既能展现自己的能力，又不会让人觉得我们是在刻意炫耀。

总之，职场中我们需要保持积极的心态，不断提升自己的能力和价值，同时也要学会表现自己的成绩和功劳，为自己争取应有的回报和认可。只有这样，我们才能在工作中获得更多的机会和成功。

职场有难，如何巧妙求助

❶案例故事 ❷求助难的心理因素 ❸职场向同事求助的方法 ❹职场向上级求助的方法

案例故事

作为职场人士，我们或多或少都经历过工作压力大的情况。当遇到困难和挑战时，有些人会选择勇敢面对，自己承担起所有的工作。然而，这样做真的好吗？

小新最近就面临这样的情况。由于公司的供应链出现问题，她的小组需要花费更多时间处理相关事宜，而同时他们还有其他核心工作需要完成。尽管她的团队成员都很优秀，但小新不愿意让他们承受更多的压力，她觉得自己的责任重大，决定自己承担更多的工作。与上级沟通时，小新也总是选择自己解决问题，不愿意向上级求助，她担心这样做会让上级对自己产生负面印象，认为自己能力不足。

这种情况在职场中并不少见，很多人宁愿自己硬撑也不愿意向他人求助。我们常常认为自力更生是值得推崇的品质，但在工作中，有时候寻求帮助也是非常重要的。

第一，寻求帮助可以减轻自己的工作压力，避免过度疲劳。第二，与团队成员和上级保持良好的沟通有助于建立互信关系，提升自己在团队中的地位。第三，及时寻求帮助可以避免因小问题积累而导致重大失误，从而保护自己的职业声誉。因此，当工作超出个人能力范围时，勇敢承认现实并寻求帮助是明智的选择，这样不仅有助于提高工作效率和质量，还能为自己在职场中赢得更好的发展机会。

求助难的心理因素

为什么遇到困难的时候，就算很容易向他人求助，有些人也不愿意去做？大概有以下几点原因：

不自信。在面对问题时，有些人首先会怀疑自己的能力。他们担心如果向他人求助，会被他人认为自己能力不足。这种心理往往源于对自己的不信任。在职场上，这种心理尤为明显，许多职场人害怕麻烦他人，他们更倾向于独立解决问题，以展现自己的能力。

独立性过强。我们的社会文化和教育背景塑造了我们对求助的看法。在一些文化中，独立完成任务被视为能力的象征，这导致一些人在遇到困难时宁愿自己苦苦摸索也不愿向他人求助，以免显得自己能力不足。

认知局限。我们都知道，没有人是全知全能的，每个人都有自己的盲点和局限性，但当我们遇到问题时却往往很难意识到这一点。我们宁愿相信自己能够独自解决问题，也不愿承认自己有不足之处，然而，正是这种心理阻碍了我们寻求帮助和成长的机会。

但是，在职场上面对困难，学会求助其实是职场人必备的技能之一，我们应该克服心理障碍，勇于承认自己的不足，并学会利用外部资源来解决问题，向外寻求帮助是提高效率的重要方式。我们应该相信合作的力量，只有这样，我们才能在竞争激烈的职场中脱颖而出，成为真正的赢家。下面我会根据职场的求助对象给大家推荐对应的高效、有效的求助方法。

职场向同事求助的方法

在职场中，我们总会遇到一些紧急或棘手的情况，这时我们需要寻求同事的帮助。然而，同事帮忙并非他们的义务，他们完全有权利直接拒绝，那么，如何有效地寻求同事的帮助而不被拒绝呢？以下 4 点建议或许能为大家提供一些思路。

建立共同目标

在寻求同事的帮助之前，我们要先思考，如果角色互换，我们希望得到怎样的对待。当同事需要我们的帮助时，他们自然也会思考同样的问题：对方为什么要帮我？帮我对他们有什么好处？因此，我们需要确保与同事之间的协作是基于共同的目标和诉求，而不仅仅是关注自己的需求。

在向同事寻求帮助之前，我们要了解同事的需求，尤其是他们的核心需求，确保我们所请求的事情是有利于他们完成任务或目标的，至少不损害他们的利益。如果我们所请求的事情与他们的利益相关，可以明确地告诉他们，这将有助于提高他们帮助我们的意愿。

展示我们的努力

在向别人提出请求之前，我们应先尽量靠自己的力量去解决问题。例如，如果我们需要同事帮忙找一份资料，我们可以先说明自己已经尝试了多种方法但未能找到，因此需要他们的帮助。又如，如果我们需要同事帮忙接待一个客户，我们可以强调自己确实临时有事，并且已经与客户商定过其他时间，但由于某些原因无法实现，因此请求他们的协助。

我们付出的努力越多，就越能肯定别人帮助的价值。没有人希望自己的帮助显得廉价，每个人都希望自己的帮助有意义。因此，当我们请求同事协助时，也要传达出这一点，这既是对同事时间的尊重，也是对他们劳动价值的尊重。

提供清晰的操作流程

当请求同事，尤其是对于不熟悉我们工作内容的同事协助时，他们可能会因为担心遇到问题而犹豫不决。很多时候，他们并不是不愿意帮助我们，而是对自己的能力感到不确定，因此，在请求别人帮助时，我们应该像一份说明书一样，清晰地告诉他们操作步骤。按照这些步骤，他们可以快速地完成工作，不会感到复杂。为了增加他们的信心，我们可以补充说，如果遇到任何问题，他们可以随时联系我们。这样的说明和保证能够使同事们更加放心地接受我们的请求。

给予适当的补偿

我们可以通过物质和情感两个方面的补偿来表达对同事的感激之情。

物质方面，我们可以选择送一些小礼物给同事。礼物的选择可以根据同事的喜好来决定，比如办公用品、零食、装饰品等。在选择礼物时，要注意避免过于贵重或过于廉价的物品，以免给同事带来不必要的压力或误解。另外，我们也可以通过请客吃饭或买饮料等方式来表达感激之情。这些小举动不仅能够让同事感受到我们的感激，也能够增进彼此之间的感情。

情感方面，我们可以通过言语和行动来表达感激之情。我们可以在合适的时机向同事表示由衷的感谢，让他们知道我们在意他们的帮助和支持。另外，我们也可以通过实际行动来表达感激之情，比如帮助他们完成一些工作任务、提供有用的信息和资源等。这些实际行动不仅能够让同事感受到我们的感激之情，也能够促进彼此的合作和互助。

总之，通过适当的补偿来表达对同事的感激之情可以增进彼此之间的感情和信任，为职场合作和发展打下良好的基础。

只要我们掌握以上 4 个要点，当我们需要寻求同事的帮助时，就能更加顺利地得到他们的支持。在职场中，有效的沟通技巧和人际关系管理是至关重要的，通过这些技巧的应用，我们可以更好地与同事合作，提高工作效率，并为自己在职场中创造更好的发展机会。

职场向上级求助的方法

在职场中，一个优秀的员工不仅要能够独立解决问题，还要懂得在必要时向上级寻求帮助。那么，当我们面临无法独自应对的挑战时，如何有效地向上级求助呢？以下是几个关键步骤和技巧，能够帮助我们更好地与上级沟通并获取所需的支持。

明确问题与目标。在向上级求助之前，首先要明确自己遇到的问题以及期望达到的目标。这样可以让上级更快速地理解我们的需求，并给出有针对性的建议或支持。

选择合适的时间和方式。选择一个合适的时间和方式来向上级求助，尽量避免在上级忙碌或心情不佳的时候打扰他们。可以通过邮件、电话或面对面会议等方式进行沟通，根据问题的紧急程度和复杂性来选择最合适的方式。

用简洁明了的语言描述问题。在向上级描述问题时，尽量使用简洁明了的语言，避免使用过多的专业术语或复杂的句子结构。同时，要确保提供足够的信息，让上级能够全面了解问题的背景和现状。

展示自己的努力和尝试。在向上级求助之前，展示自己已经付出的努力和尝试是非常重要的。这可以让上级看到我们的积极性和解决问题的能力，从而更愿意给予支持和帮助。

提出具体的请求和建议。在向上级求助时，不仅要描述问题，还要提出具体的请求和建议。这样可以让上级更清楚地了解我们需要什么样的帮助，并能够更快地给出回应和支持。

保持谦逊和尊重的态度。在向上级求助时，保持谦逊和尊重的态度是非常重要的。我们要尊重上级的权威和决策，同时也要展示自己的专业素养和解决问题的能力，这样可以让上级更愿意与我们合作，并提供所需的支持和帮助。

及时跟进和反馈。在向上级求助后，要及时跟进并反馈问题的进展情况。这可以让上级了解我们的工作进度和成果，同时也可以为未来的合作建立良好的信任和沟通基础。

总之，向上级求助需要我们有目标、有规划、有态度和有反馈。通过这些技巧和策略的应用，我们可以更好地与上级沟通并获取所需的支持和帮助，从而在职场中取得更好的成绩和发展。

在职场上，我们都希望自己能够表现出色，成为不可或缺的角色。我们追求独立，以“不麻烦别人”为行事准则，对过度依赖他人的人持批判态度。然而，过度的独立可能会让我们陷入孤军奋战的境地，实际上，成为一个高段位的“麻烦精”可能更有益于我们的职业发展。

首先，我们要认识到求助并不是一种罪。在工作中，我们时常会遇到无法独自解决的问题，适时的求助不仅能让我们省力高效地完成任务，还能优化我们的技能。通过求助，我们可以与他人建立更紧密的联系，为自己积累宝贵的人脉资源。

其次，我们要转变心态。与其担心求助会让自己显得无能，不如看到求助给我们带来的实际好处。用最少的资源、最高的效率、达成最好的结果，这是求助的魅力所在。每一次的求助，都可能成为我们与他人建立深厚联系的桥梁。而那些不愿求助的人，可能会错过与他人互动、建立关系的宝贵机会。

再次，寻求帮助实际上是在建立自己的支持系统。没有人是孤岛，善于借力的人能更高效地完成任务。通过求助，我们可以与他人建立互信互助的关系，这种关系不仅有助于我们解决眼前的问题，还可能为我们带来更多的机遇和成长。

最后，成为职场中的“麻烦精”，并不是要我们无止境地麻烦别人。我们要学会适当地求助，把握好分寸，要懂得尊重他人的时间和隐私，尽量不给别人带来不必要的麻烦。同时，我们也要学会在求助中建立自己的专业形象，展现自己的价值和能力。

成为职场中的“麻烦精”并不意味着我们要依赖他人，相反，这要求我们学会借力打力，用最少的资源实现最大的效益。通过适时的求助和与他人的合作，我们可以共同打造一个高效的工作环境，实现个人和团队的共同成长。但这个过程也要注意适度，尊重他人的时间和隐私，避免形成依赖心理。

跨部门协作，如何高效沟通

❶ 案例故事 ❷ 跨部门沟通的步骤 ❸ 跨部门沟通常见难题

案例故事

在某个公司里有一个急需解决的项目，这个项目由市场部牵头，需要市场部、销售部、产品部和技术部在一个月内共同完成一份投放市场快一年的产品分析报告，以决定下一年该产品的策略制订。

高强作为市场部的一员，需要向其他部门索取资料，但他遇到了各种困难。销售部表示没有完整数据，建议他向其他部门寻求帮助；产品部同事忙于其他事务，无法提供所需资料；技术部只能提供产品维修数据，且需要等一周才能给到，一周后，高强仍未收到技术部的数据，询问技术部才得知负责数据的人员正在休假外出。

高强向主管汇报后主管震怒，责问之声在部门间回荡，销售、产品、技术三个部门负责人被骂得莫名其妙，争论的硝烟味愈发浓烈。职场之中，部门间的边界地带永远是职场人最头疼的事情，跨部门沟通中相互踢皮球也是职场人最难处理的问题之一。

如何让需求落地，大家一起完成工作？在跨部门沟通中，明确任务的责任人和工作流程非常重要。任务开始前，我们应确定任务的目标和时间表，并确定每个部门的职责和工作流程。任务进行中，我们应确保任务按时完成，如果出现问题应及时沟通和解决，而不是相互推诿。只有通过有效的跨部门沟通和协作，才能让任务顺利完成。

跨部门沟通的步骤

跨部门沟通并不是简单的信息传递，而是需要掌握一定的技巧和策略。那么，如何进行有效的跨部门沟通呢？以下分为 3 个步骤：沟通前、沟通中、沟通后。

沟通前：信息收集充足、沟通规划合理

跨部门沟通在职场上的需求越来越强，但很多职场人不太会处理这种事情，很容易出错，下面我们将列举两个常见的沟通错误。

易错点 1：没有提前做好充足的功课和信息拉齐

一些职场人可能会在没有提前了解会议主题和目标的情况下直接参与到会议中，导致会议效率低下，甚至达成不了任何结论。

易错点 2：一次性讨论多个议题

一些职场人可能会在会议中一次性讨论多个议题，导致其他参会者需要花费大量时间等待与自己无关的议题结束。

综合下来，我们在开始沟通之前就要做好充分的准备。了解自己和对方部门的职责、目标和需求，明确沟通的目的和内容后，选择合适的沟通方式和时间，确保所有相关部门都能参与进来。具体我们可以做的内容包括：

提前确定好会议目标；

根据双方的时间确定好沟通时间节点；

进一步确定会议沟通方式，是线上还是线下等；

根据项目需求，确定好参会人员；

提前准备好会议所需的文件资料，比如项目背景信息等。

在这些内容中，会议目标是最核心的要素。跨部门协作时，将我们的目标融入对

方的目标是至关重要的。就像一个成功的推销员不会强行推销产品，而是让客户觉得这个产品是他们所需要的，甚至是他们提出的一样，我们在实现自己的目标前需要考虑对方的目标，使双方的目标一致。

所以在确定会议目标前，我们需要了解对方的目标。这包括了解对方的主要目标、要完成的 KPI、从老板那里接收的需求等。了解这些信息后，我们需要将自己的目标融入对方的目标，让对方感觉到实现我们的目标就是实现他们自己的目标。

除了目标一致外，方案也需要有共识。我们需要与对方共同探讨方案的可行性和实施细节，确保双方都认同这个方案。在达成共识的过程中，我们需要充分展示方案的优点和可行性，同时也要倾听对方的意见和建议，不断优化方案。

总之，将我们的目标融入对方的目标是实现跨部门协作的关键。我们需要通过了解对方的目标、与对方达成共识、充分展示方案的优点和可行性等方式来促进双方的合作，实现共同的目标。

沟通中：GBP 模型助力沟通顺利

沟通中，我们经常会遇到一些问题，导致沟通效果不佳，一般有 3 大误区。

误区一：一上来就问具体问题

有些人为了省时间，一上来就向参加会议的人员问一个具体问题，搞得对方一头雾水，只能针对该问题片面地进行回答。

误区二：先铺垫大量背景

有些人喜欢在提问之前先铺垫一大堆背景，导致对方听得云里雾里，不知道到底要做什么。

误区三：自顾自说

有些人经常无意识地认为自己要不断讲，讲到大家明白为止，没有考虑过他人的真实需求，他们提出来的问题也不认真去听，导致参加会议的人员对和我们进一步沟通交流产生抵触心理。

我们要注重倾听和表达。倾听是关键，我们要认真听取其他部门的意见和建议，避免过早发表意见或打断对方。我们表达时要清晰、简明地阐述自己的观点和需求，避免使用含糊不清的语言，此外，要尊重对方的意见和立场，寻求共识和妥协。

如何能够让对方更好地理解我们的意图，达成共识呢？GBP 模型是一个非常实用的沟通工具。下面我们将详细介绍 GBP 模型的含义和用法，帮助我们提升沟通效率。

1. 目标 (Goal)

在进行沟通之前，明确我们的目标是非常重要的。在沟通过程中，我们要时刻牢记目标，确保讨论的内容与目标保持一致。

2. 背景 (Background)

背景是沟通的起点，它为我们提供了相关的信息。在阐述观点之前，先介绍相关的背景信息有助于对方更好地理解我们的观点，同时，要注意保持背景信息的客观、准确和简洁，避免产生歧义。

3. 问题 (Problem)

问题是指我们遇到的具体问题和挑战。在阐述问题时，我们要尽可能具体、明确，以便对方能够充分理解问题的本质和会产生的影响。同时，要注意用客观、中立的语气描述问题，避免引起不必要的争执或误解。

通过使用 GBP 模型，我们可以更加清晰地表达自己的观点和需求，同时更好地理解对方的立场和需求。在实际工作中，我们可以根据不同的场景和需求灵活运用 GBP 模型，提高沟通效率，促进合作与发展。

沟通后：及时同步会议纪要，持续跟进

沟通结束后，我们要及时整理和反馈，将沟通结果整理成文档，明确下一步的行动计划和责任人。同时，我们要及时跟进和监督执行情况，确保沟通成果得到有效落实。会议纪要是很多职场人经常忘记的，但它可以帮助我们确保重要的决策和任务有效地传达，并且可以帮助提高工作效率和协同合作。通过会议纪要，每个参会人员都能明确自己的任务和责任，有助于避免工作重复和交叉。另外还可以方便我们后续查阅和追溯，随着时间的推移，我们对于某些决策和任务的具体情况可能会逐渐模糊或遗忘，而会议纪要能够作为重要的资料和证据帮助我们回顾和追溯过去的工作情况，为后续的工作提供参考和借鉴。

总之，做会议纪要不仅是对参会人员负责，更是对工作质量的保证。职场员工应该重视会议纪要的重要性，积极参与会议纪要的整理和撰写，确保工作的顺利进行。此外，还要对本次沟通进行反思和总结，不断改进和提升跨部门沟通能力。

综上所述，跨部门沟通需要充分的准备、良好的倾听与表达、尊重与共识、及时的反馈和总结等，只有这样，才能确保跨部门沟通的有效性，推动工作的顺利进行。

跨部门沟通常见难题

在企业的日常运营中，跨部门沟通经常成为制约工作效率的瓶颈。下面列举 3 个常见的跨部门沟通难题以及相应的解决策略。

难题一：如何推动其他部门积极推进和解决问题？

当我们与其他部门沟通后，发现他们在执行阶段缺乏积极性时，首先应审视自己是否已尽到责任，确保自己的部分已完成。如果自我反思后发现问题依然存在，那么可以借助中间角色，如项目经理或上级主管来推动问题的解决。

难题二：如何高效地与其他部门进行项目对接？

当我们遇到多个部门互相推诿的情况时，要先明确问题的性质和优先级。对于中

低优先级的问题，我们可以使用 GBP 模型描述问题，并要求对方提供一个全面的对接人清单；对于高优先级且紧急的问题，我们可以考虑反馈给上级进行直接对接，但这种方法应谨慎使用。

难题三：如何降低与其他部门协作的成本？

如果我们的业务高度依赖其他部门，但对方总是以忙碌为由拒绝协助，短期来看，我们可以考虑寻求内部经验丰富的同事帮助，或者转移给更迫切需要完成此事的角色。长期来看，我们应主动推动被依赖部门完善相关文档和资源，以便减少对其他部门人力的依赖，提高协作效率。

跨部门沟通本质上是我们“有求于人”，需要对方提供帮助，因此，尊重对方的立场和利益至关重要。在沟通时，我们应避免居高临下的态度，而是要以平等、真诚的态度与对方交流。通过表达自己的需求，并关注对方的感受和需求，我们可以建立起更加信任和尊重的合作关系。

我们还可以用沟通技巧来推销自己的观点和需求。我们可以学会用合适的方式表达自己的想法，并让对方接受，比如利用案例、事实和数据来支持自己的观点，并在此基础上提出具体可行的方案。通过这种方式，我们可以提高沟通的效率和效果，从而更好地达成工作目标。

在跨部门沟通中，我们应该注重互惠互利的原则。我们需要关注对方的利益和需求，并在此基础上提出合作方案。通过找到共同的利益点，我们可以建立起更加紧密的合作关系，从而更好地实现团队的目标。

其实沟通是一门可以修炼的技术。我们可以通过阅读相关书籍、参加培训课程或寻求专业人士的指导来提高自己的沟通能力，同时，也可以通过反思和总结自己的沟通经验，不断改进自己的沟通方式和技巧。相信大家都可以通过不断地学习和实践成为更好的沟通者，从而更好地完成工作任务。

第三章 聚焦目标，促成事情

如何正确指出下属的错误

如何有效表扬下属

如何调节职场关系中的冲突矛盾

如何做好绩效面谈，促进员工自我提升

如何做好老客户关系日常维护

如何有效地向客户推销产品

如何正确处理客户投诉

▪ 导读

有效沟通，让表达促成事情

在职场中，我们常常会遇到需要我们指出下属错误、激励下属、分配资源、调解矛盾、绩效面谈以及处理客户相关问题等情况。这些场景的沟通表达都很有难度，又非常重要，如果我们处理不当，往往会造成很多阻碍。

在职场沟通中，我们追求的不仅仅是简单的信息传递，更要通过有效的表达促使事情朝着既定目标发展。无论是与同事协作、老板协调还是与客户互动，成功的表达都需要以目标为导向。这一模块中，我们将通过真实的案例，突出聚焦目标、促成事情的重要性，这不仅关乎我们个人的职业生涯，更影响到整个团队的成就和组织的成功。我们也将深入研究如何通过实际而灵活的沟通，让我们的表达真正成为推动目标成功实现的催化剂。

很多人在工作时经常会遇到和他人沟通一个需要处理的问题后，不但没有解决问题，还引发了更多矛盾的情况。其实是因为我们沟通和表达时没有聚焦目标，不清楚自己想通过这次表达得到什么结果，导致了双方无效沟通，不仅自己的目标未达成，还跟着别人的思路绕了半天。所以，要实现有效沟通，我们的目标一定要清晰，并且越具体越容易实现，因为只有这样，我们才能找到谈话的发力点，即便我们被引导到其他方向，也能及时掉头回到目标上。

为了在聚焦目标的沟通中获得成功，我们需要具备一系列实用的能力。第一，是坚实的目标导向，能够用清晰而简洁的语言传达我们的目标，激发共鸣。第二，是善于把握时机，善于在关键时刻选择正确的表达方式推动事情发展。第三，是具备灵活的适应性思维，能够根据情境调整我们的沟通策略，确保目标能够得以实现。

想象一下，当我们领导一个需要推动团队变革的项目时，我们需要通过解释我们的目标向团队传达变革的意义和价值。这不仅是一场演讲，还是一种与团队建立深刻联系的方式。当团队中的成员出现疑虑和担忧时，我们需要善于把握时机，采用富有说服力的语言解决团队成员的疑虑。我们要在变革的不同阶段采取适应性思维，灵活运用不同的沟通方式，以适应团队的情绪和需求。

通过深入学习这一模块，我们不仅能够在理论上了解如何与他人沟通，使他人聚焦目标，更能在实际中获得更为丰富的经验。这样，我们的表达将不再仅仅是一种沟通方式，更是推动事情发展的有力工具。

马克·扎克伯格的成功客户沟通

马克·扎克伯格作为 Facebook 的创始人和首席执行官，展现了卓越的客户沟通能力，为公司的成功发展立下了汗马功劳。让我们通过一个真实的案例，深入探讨他是如何通过与客户的沟通，成功地促成事情的发展的。

在 Facebook 创立初期，公司急需扩大用户基础，提升广告收入。扎克伯格意识到，要实现这一目标，他需要积极地与广告主建立联系，了解他们的需求，并通过制作解决方案满足这些需求。这就需要他在与广告客户的沟通中展现出色的能力。

能力一：目标导向的沟通

扎克伯格坚信，任何一次与客户的沟通都必须以实现双方共同的目标为导向。在与广告客户沟通时，他善于聆听客户的需求和目标，并将 Facebook 的广告平台与客户的业务目标紧密对接。他通过清晰而具体的表达向客户传递出 Facebook 广告平台如何为他们的品牌带来更多曝光，提高用户参与度，最终实现销售转化。

能力二：善于把握时机

在一个与客户的线上会议中，扎克伯格敏锐地把握住了时机。当广告客户表达了对广告效果的担忧时，他并没有回避问题，而是以积极的态度倾听，并立即分享了 Facebook 广告平台的最新改进和优化措施。通过及时而具体的回应，他在客户中树立了信任，消除了疑虑，为顺利推进合作奠定了基础。

能力三：适应性思维

面对不同行业、不同规模的广告客户，扎克伯格展现出了强大的适应性。他理解每个客户都有独特的需求和挑战，因此在沟通中采用了多样化的方法。对于大型企业，他强调 Facebook 广告平台的广度和深度；对于初创公司，他注重强调 Facebook 如何灵活适应市场变化，为他们提供成本效益的广告解决方案。

通过这些卓越的沟通能力，扎克伯格成功地将 Facebook 广告平台引入了众多企业的广告战略中。客户的广告支出增加了，是因为他们看到了 Facebook 作为广告平台的价值，愿意和扎克伯格形成长期的合作伙伴关系。Facebook 的广告收入实现了飞跃式增长，为公司的可持续发展奠定了坚实基础。

通过这个案例，我们深刻认识到，在与客户沟通时，目标导向、善于把握时机和适应性思维是非常关键的能力。这不仅是扎克伯格成功的关键，也是每个在职场中希望通过表达促成事情的人所应该具备的核心能力。

本书的第三章“聚焦目标，促成事情”将带大家深入了解职场中的 7 大关键议题，从管理者与下属的互动开始，一直延伸至与客户的沟通，让大家找准各大高难度沟通场合的沟通目标，并掌握高效的沟通方法，让大家在再次面对类似场景时能够轻松应对，排除障碍，得到我们真正想要的结果。

如何正确指出下属的错误

❶ 案例故事 ❷ 批评的好处 ❸ 批评的原则 ❹ 批评的正确方式

案例故事

作为一名职场新星，小励因为卓越的业绩被提拔为部门主管。他为人热心，性格开朗，在与下属的交往中总是以表扬和夸赞为主。小励深信，通过给予正面反馈，不仅能激发员工的积极性和主观能动性，还有助于建立良好的人际关系。因此，他始终避免对下属进行批评，即使在员工犯错时，也选择以鼓励和表扬的方式进行处理。

然而，随着时间的流逝，小励开始意识到一些问题。尽管他不断给予下属积极的反馈，但团队的士气似乎在逐渐下滑，员工们似乎对他的夸赞并不买账。这让小励陷入了困惑，因为他一直认为正面激励是塑造积极工作氛围的关键。

在一次偶然的机会中，小励向前辈请教，这位前辈的管理方式与他截然不同。前辈对待错误的态度较为严厉，但同时会给出明确的指导和建议。令人惊讶的是，前辈的团队展现出了更高的积极性和工作效率。

通过深入的交流和学习，小励逐渐领悟到一个重要的道理：在工作中，表扬和鼓励固然重要，但对于员工的成长和团队的整体效益来说，适时的批评和明确的指导同样不可或缺，单纯的正面激励并不能完全解决工作中出现的问题。

批评的好处

在职场上，每个人都希望得到老板的赏识和鼓励，但一味地赏识和鼓励真的好吗？其实不然。人是情感动物，我们往往更加注重比较和感受。相对于其他人来说，我们会更加注意“这一次你对我”和“平时你对我”的差异。也就是说，我们更能感受到的是老板这一次对我的态度和平时对我的态度的差异。

因此，职场中老板在管理团队时，一味地赏识和鼓励只会让下属的期望值越来越高，久而久之，老板的正面激励就很难再让下属感受到差别了。这就是我们所说的“落差善意”。

作为一个好的老板，更应该懂得批评与称赞的平衡。一个会批评人的老板在给员工称赞、鼓励时往往更能给员工更大的激励感。他们的称赞在员工心中反而会更珍贵，效果更大。因此，我们在管理团队时，不妨适当提供“落差善意”，让我们的激励更有力度和效果。这是适当批评的第一重好处。

除了强化鼓励效果，适当的批评还可以为团队管理带来哪些好处呢？

我们要明白，如果老板只对下属进行嘉奖，那么下属的工作积极性很容易完全依赖于老板的激励。这意味着当老板的鼓励消失时，下属的工作积极性可能会大幅下降。

然而，令人惊讶的是，适当的批评反而能够提高下属对工作的认同感和积极性。当被批评后，下属可能会感到沮丧，但很少有人会因此辞职或停止工作，相反，他们会在内心深处开始寻找继续工作的理由。这些理由可能来自生活的压力、工作的前景或团队的和谐等。

这种机制背后的心理学原理是“自我一致性”理论。简单来说，人们总是希望自己的行为和心理保持一致。因此，当上级批评责备下属时，下属会开始从内部寻找继续工作的理由。与那些完全依赖外部激励的员工不同，拥有内在驱动力的下属即使在没有外部激励的情况下，也会主动工作并更好地应对压力和挑战。这就是会批评人的老板在团队管理中所获得的重要益处。

所以，作为老板，学会适当地批评和指导团队是建立高效、积极团队的关键。这将有助于团队成员发现自己的内在驱动力，并为团队的整体发展贡献更多的力量。

批评的原则

批评下属在工作中是必要的，但批评的方式和程度需要慎重考虑，避免过度或不当的批评。万一老板批评得不恰当，也会引起很多员工不满，特别是老板在批评时过于严厉和情绪化，甚至有的采用侮辱或攻击性的语言，会让员工产生反感和抵触的情绪。有的员工会觉得自己的自尊心受到伤害，并做出激烈的反应，如强硬反驳或者选择离开公司，这样的结果显然不是老板希望得到的。

那我们应该如何在批评下属时拿捏好分寸，避免过度或者不当的批评，让批评发挥正确的效果呢？以下是一些我们需要遵循的重要原则，用来确保我们的批评有效且不会对团队关系造成负面影响。

1. 选择单独的沟通环境

在公开场合批评下属可能会导致下属尴尬，也会伤害下属的自尊心。为了保护下属的尊严，上级应当选择一个适当的时机和私密的环境与下属进行一对一的交流，这样可以让下属感到被尊重和关注，同时也能更专注于问题本身，而不是受到其他人的评价。

2. 不要批评个人价值观

上级应当尊重下属的价值观，避免对下属的价值观进行批评。每个人都有自己的价值观和工作动机，批评下属的价值观可能会导致下属感到被误解和不被接受，从而降低工作积极性和投入度。

3. 沟通时控制好情绪

对下属进行批评时，上级情绪的稳定和控制至关重要。上级应当保持冷静和理性，避免情绪化或过于严厉的批评。情绪化的批评可能会让下属感到不安和恐惧，从而影响他们的工作表现，同时，过度的严厉也可能会让下属感到被贬低或不被信任。

4. 批评内容要具体明确

上级应当明确指出问题所在，提供具体的改进建议和方向，让下属明白如何改进自己的工作。当上级的批评具体、明确时，下属能够更好地理解上级的期望和要求，以及自己在工作中的不足之处。

5. 尊重与平等

上级应当尊重下属的人格和权利，避免任何形式的侮辱或攻击。批评应当是基于事实的、客观的，而不是基于个人偏见或歧视。同时，上级应当平等地对待每一个下属，避免因为个人喜好或其他非工作因素而有所偏颇。

6. 及时性

及时的反馈能够帮助下属更快地认识到问题并进行改进。当问题出现时，上级应当尽快与下属进行沟通，给予指导和建议，避免拖延或遗忘，以免影响团队的整体表现和效率。

7. 持续关注与跟进

上级应当持续关注下属的工作表现和改进情况，及时给予必要的指导和支持。有效的批评不应是一次性的反馈，而是一个持续的过程，通过定期的跟进和反馈，下属能够更好地掌握工作进展和方向，提升工作质量和效率。

只有上级时刻注意批评下属时的相关注意事项，才能真正帮助员工纠正错误、提高工作质量，并建立积极、健康的团队关系。

批评的正确方式

在职场上，上级对下属的正确批评是推动团队发展和提升个人能力的重要手段，然而，批评并非简单的指责或抱怨，而是一门需要技巧和智慧的艺术。以下是根据批评的 4 个步骤展开的上级如何正确批评下属的内容。

直接开场

批评下属时，有效的直接开场可以帮助我们建立良好的沟通基础，使批评更加聚焦和有针对性。批评之前，我们要尽量避免冗长的铺垫或闲聊，直接切入主题，明确告诉下属此次交流的目的和期望结果，让下属知道我们关心他们的工作表现，并希望通过批评帮助他们改进。

对症下药

在批评时，我们需要事前深入了解问题，了解整件事情的经过和背景，分析问题背后的根本原因，比如是员工的技能不足还是他们的态度有问题，或者是团队成员之间的沟通存在障碍，毕竟只有理解和认清问题的根源才有助于给他们提供更有针对性的建议。在这个过程中，我们只需要针对问题给出明确、具体的反馈，并指出它对团队或项目的影响。使用“我”语言，例如“我注意到……”或“我觉得……”，以减少成员们的防御反应。

给定方法

提出问题后，我们需要针对发现的问题给出具体、有效的方法，这不仅能帮助下属更好地理解问题，还能提供可行的解决方案，促进他们的工作改进。给出的方法需要遵循 4 个原则：

1. 具体性

具体的方法能够提供明确的指导，让下属清楚地知道如何操作和执行。我们要避免使用模糊或抽象的语言，而是提供具体的步骤、时间和标准，使下属能够准确理解和实施。

2. 针对性

应该根据下属的具体情况确定有效的方法。我们要了解下属的工作风格、能力和需求，针对他们的实际情况给出有针对性的方法，这样能够确保下属能够适应并有效地执行。

3. 可操作性

我们要确保所提供的方法是实际可行的，具有可操作性。要考虑到下属的资源和时间限制，确保我们所给的方法既不过于复杂也不过于简单，而是切实可行的方案。

4. 效果性

确保我们给出的方法能够带来明确的效果和成果。我们可以提供可衡量的目标和期望结果，使下属明确知道他们的工作改进程度，同时，确保所给方法有成功实施的先例或证据，增强下属的信心。

在给出操作方法的同时，我们也要鼓励下属主动思考解决问题的方法，而不是仅仅依赖上级的指导。我们可以通过提问和引导，帮助他们培养独立解决问题的能力。

高频反馈

大家要记住一点，批评不是一次性的行为，而是需要持续的跟进和反馈。我们要定期评估下属的工作表现，并及时提供反馈，帮助他们保持正确的方向。我们在指出问题的同时也不要忘记给予正面的鼓励和肯定，认可下属的努力和进步有助于提高他们的自尊心和工作动力。

通过这样的流程，我们能够有效地帮助下属识别问题并提供解决方案，还能促进个人和团队的共同成长。但请注意，每个团队和个体都有其独特性，我们在实践中还需根据具体情况灵活调整策略和方法。通过不断的学习和改进，我们一定能够提升自己的领导力和团队的管理效能。

总的来说，职场上管理者的一项重要职责就是对下属的工作进行有建设性的监督和指导。为了提升团队的凝聚力和整体表现，作为老板，我们需要掌握如何合理使用批评的技巧。恰当的批评可以为下属提供一种“落差式激励”，使我们的激励措施更具效果。批评能够激发员工的内在动力，促使他们主动地进行改变和提升。

可以说，职场上的批评是一门真正的管理艺术。这种艺术在于如何用合适的方式指出他人的不足，激发他们的内在动力，同时维护团队的和谐与稳定。因此，我们需要不断学习和实践，以便更好地掌握这一重要的管理工具。

如何有效表扬下属

❶ 案例故事 ❷ 有效表扬的 4 大要点 ❸ 有效表扬的技巧

案例故事

王莉是一家大型广告公司的创意总监，手下管理着一支由30名设计师组成的团队。王莉在工作上对团队成员的要求极高，对设计方案的审核也相当严格，但她却很少对团队成员的工作给予肯定和赞扬。

设计师们每天都在努力地创作、修改、再创作，但每当他们提交方案给王莉时，她总是会挑出各种问题，甚至有时候会对整个设计进行否定。虽然她没有用侮辱性的语言，但这种批评性的反馈却让设计师们倍感压力，丧失了创作的热情。

时间久了，团队内部开始出现不满和抱怨。设计师们觉得自己的努力没有得到认可，工作的积极性逐渐降低。与此同时，部门的工作效率也开始下降，甚至原本一些积极主动的设计师也变得沉默寡言。

这种负面情绪逐渐在团队中蔓延，导致整个团队的士气越来越低落，原本充满创意和激情的工作环境变得沉闷，设计师们的创作灵感也受到了很大的限制。

在这种情况下，公司的高层注意到了这个团队的问题。经过深入了解，他们发现问题的根源在于王莉的管理方式上，于是，公司决定对王莉进行管理培训，并要求她学会使用更多的赞扬和肯定来激励团队成员。

在接受了培训之后，王莉开始意识到自己过去的做法对团队造成了负面影响，她开始努力改变自己的管理方式，尽量多地给予团队成员肯定和赞扬。每当团队成员提交设计方案时，她不再只是一味地批评和否定，而是会针对每个方案的亮点和优点给予肯定和赞扬，同时也提出建设性的意见和建议。

随着时间的推移，这种正面的激励方式开始产生显著的效果。设计师们的士气逐渐恢复，工作积极性和效率也有了明显的提升，整个团队重新焕发出创意和活力，为公司带来了更多优秀的作品和业绩。

王莉这样的情况在职场中并不少见。很多管理者在工作中很难做到及时表扬下属，或者有些管理者很少表扬甚至只批评不表扬，导致下属的积极性受到打击，团队士气低落。

其实，表扬对于下属的激励是非常重要的。作为管理者，我们应该时刻关注下属的工作表现，并及时给予肯定和赞扬。有效的表扬能够激发下属的内在动力，让他们更加自信、积极地投入到工作中。

当然，表扬并不是简单地走形式，而是需要具体、明确地指出下属的优点和亮点。这样的表扬才能让下属感受到自己的付出得到了认可，从而更加努力地工作。

总之，作为管理者，我们应该学会如何有效地表扬下属，激发他们的内在动力，提高团队的士气和战斗力。只有这样，我们才能打造一支充满激情、创造力和凝聚力的团队，为公司的发展贡献更多的力量。

有效表扬的 4 大要点

职场上的表扬本质是一种正面的激励方式，用于激发员工的积极性和创造力，提高他们的工作表现和业绩。通过表扬，员工的成果和表现会得到管理者的认可和肯定，激励他们继续保持优秀的工作状态，同时增强团队的凝聚力和向心力，为公司的发展贡献更多的力量。要实现这样的效果，需要遵循 4 大要点：

具体明确

应该具体明确地指出被表扬者的优点和亮点。例如，如果一个员工提交了一份优秀的报告，管理者应该具体地指出报告中的亮点，如分析深入、数据准确、逻辑严密等，这样的表扬能够让员工清楚地知道自己得到了肯定，并且明白自己在哪些方面做得好。

及时性

及时的表扬能够让员工在第一时间得到肯定和鼓励，从而激发他们的工作热情和积极性。如果管理者延迟表扬，甚至忽略员工的优秀表现，会让他们感到自己的努力没有得到认可，进而影响他们的工作动力。

真诚和关注

有效的表扬应该是真诚的，而不是流于形式的。管理者应该关注员工的工作表现，真正发现他们的优点和亮点，并且给予肯定，同时，管理者也应该关注员工的个人成长和发展，帮助他们发挥潜力，实现职业目标。

适度原则

虽然表扬是重要的激励手段，但过度的表扬也可能导致员工产生骄傲自满的情绪。因此，管理者应该根据实际情况适度地表扬员工，让他们保持谦虚和进取的心态。

作为管理者，要学会如何有效地表扬下属，激发他们的内在动力和创造力。通过明确的表扬、及时的肯定、真诚的关注和适度的原则，能够让员工感受到自己的努力得到了认可和鼓励，从而更加积极地投入到工作中。这样的管理方式不仅能够提高团队的士气和战斗力，还能够促进员工的个人成长和发展，为公司的发展贡献更多的力量。

有效表扬的技巧

在职场上，表扬下属是一种常见的激励手段，然而，要想做到有效的表扬，需要掌握一定的技巧。有效表扬的技巧包括三步：寻找员工之间的差异化、找到行为关联、将意义升华。以下是关于这些技巧的详细解释和运用方法。

第一步：寻找员工之间的差异化

在团队中，每个员工都有自己独特的性格、能力和表现。为了进行有效表扬，管理者需要找出员工之间的差异化，并针对每个员工的优点和亮点给予肯定和赞扬，这样可以更好地激发员工的内在动力，让他们感到自己的工作得到了认可，并且自己的特长和优点得到了发挥。

在寻找员工之间的差异化过程中，管理者需要注意以下几点：

1. 要观察员工的表现

在日常工作中，管理者需要仔细观察员工的表现，记录他们的成绩和优点。通过观察员工的言行举止、工作态度和业绩表现，我们可以发现每个员工的独特之处并进行表扬。比如："小王，你在这个项目中的表现真的很出色，尤其是你提出的那些创新点子，真的为整个项目增色不少。我发现你总是能从不同的角度思考问题，这是你的独特之处，也是你这次能够取得成功的重要原因。"

2. 要善于倾听员工的意见和建议

员工在工作中的意见和建议是他们思考和创造的体现。通过倾听员工的意见和建议，我们可以了解他们的想法和思路，发现他们在某些方面的优势和亮点。

3. 要定期对员工进行绩效评估

绩效评估是了解员工工作表现和优点的有效方式。通过定期进行绩效评估，我们可以全面了解员工的工作表现和优点，并针对不同的员工制订不同的表扬策略。

在寻找员工之间的差异化的过程中，管理者需要保持客观、公正的态度，不要过分偏袒某些员工或者刻意忽略某些员工的优点和亮点。同时，管理者也需要不断学习和提升自己的观察和分析能力，以便更好地发现员工的优点和亮点。

第二步：找到行为关联

在有效表扬的技巧中，找到行为关联是至关重要的一步。所谓行为关联，是指将员工的优点和亮点与他们的工作成果和表现相联系，让员工明白自己的优点和亮点是如何转化为工作成果和表现的。通过找到行为关联，我们可以更好地激励员工继续保持优秀的表现，并且能够引导他们向更好的方向发展。

在找到行为关联的过程中，管理者需要注意以下几点：

分析员工的工作成果和表现。在表扬员工之前，管理者需要仔细分析员工的工作成果和表现，找出其中与优点和亮点相符合的部分。这样可以确保表扬的针对性和准确性。

寻找因果关系。在分析员工的工作成果和表现时，管理者需要寻找其中的因果关系，即员工的优点和亮点是如何转化为工作成果和表现的，这样可以更好地理解员工的优势所在，并为他们提供更有针对性的指导和支持。比如：“小李，这次的销售业绩你完成得非常好，我注意到你在与客户沟通时能够准确地把握客户的需求，并提供专业的解决方案，这就是你的工作能力和专业知识的体现，也是你能够取得这次销售业绩的关键。”

具体说明关联点。在表扬员工时，管理者需要具体说明员工的优点和亮点与工作成果和表现之间的关联点，这样可以增强员工对自己优势的认识，并且更好地激发他们的内在动力。

在找到行为关联的过程中，管理者需要注重实际情况的准确性和客观性，不要夸大或者缩小员工的优点和亮点，更不要将工作成果和表现归因于不相关因素或者纯粹的运气。

第三步：将意义升华

在有效表扬的技巧中，将意义升华是最高层次的一种技巧。所谓意义升华，是指将员工的优点和亮点提升到一个更高的层次，让员工感到自己的工作不仅是为了个人利益，更是为了团队、组织乃至社会的利益。通过将意义升华，我们可以更好地激发员工的使命感和责任感，让他们更加积极地投入到工作中。

在进行意义升华的过程中，管理者可以从员工的行为或者成果上去强调团队和社会利益，让员工明白自己的工作不仅是为了个人利益，更是为了团队、组织乃至社会的利益，这样可以增强员工的归属感和使命感。比如："小张，这次的项目你做得非常出色，不仅完成了任务，还提前完成了，你的工作效率和责任心真的值得我们每一个人学习。我想说的是，你的努力不仅仅是为了你自己，更是为了整个团队和公司的发展，你的工作成果将会影响到更多的人，我们都很感谢你做出的贡献。"

所以表扬也不是随便说说，而是需要做到有依据、有意义。有效的表扬能够激发员工的积极性和创造力，提高工作表现和业绩。通过寻找员工之间的差异化、找到行为关联、将意义升华这三个步骤，管理者可以更好地进行表扬，达到激励员工、促进团队和个人发展的效果。在日常管理工作中，管理者需要注重表扬的运用，不断学习和提升自己的观察、分析和表达能力，以便更好地发挥表扬的激励作用，推动团队和组织的持续发展。

如何调节职场关系中的冲突矛盾

❶案例故事 ❷站在当事人视角 ❸站在协调者视角

案例故事

在某公司市场部和销售部之间，由于双方职责和目标的不同，长期存在一些分歧。市场部关注品牌推广和形象塑造，而销售部则更注重产品的销售和业绩的提升。

一天，两个部门因为一场市场活动的执行方案产生了严重的分歧。市场部认为应该注重品牌推广和形象塑造，提出了一系列创意和方案；销售部认为这些方案过于花哨，无法直接带来销售业绩的提升，拒绝配合执行。双方在多次沟通和协调中都没有达成共识，导致活动方案一直无法落地。

由于时间紧迫，公司高层决定介入调解。经过深入了解，他们发现两个部门之间存在严重的沟通障碍和不信任感，市场部认为销售部过于短视，而销售部则认为市场部过于理想化。

在职场中，冲突是不可避免的。无论是同事之间的分歧，还是上下级之间的任务冲突，抑或是部门间的合作问题，都可能引发各种矛盾，然而，这些冲突并非完全消极，它们也是团队和个人成长的机会。

作为发生冲突的当事人，我们可以通过一些技巧让自己从容地应对一些无谓的冲突。

而对于团队领导者来说，他们扮演着调解者的角色，在处理团队冲突中起到关键的作用。一个优秀的调解者不会试图去压制或管理冲突，而是通过转化和调解来化解冲突。领导者需要建立良好的沟通机制，促进团队成员之间的开放和坦诚交流，同时培养团队的信任和合作精神。

接下来，我们将分别从发生冲突的当事人以及处理冲突的协调者两个视角入手，去谈一谈如何在职场中化解冲突矛盾，调节职场关系，让自己工作更顺心，团队发展得更好。

站在当事人视角

哈佛商学院的研究揭示了共情思维在职场中的重要性。简单来说，共情就是站在他人的角度思考问题，理解并感知他人的感受和需求。在职场中，这种思维方式可以帮助我们更好地理解他人的情感和需求，从而更加有效地进行沟通。当我们能够站在对方的角度思考问题时，就更容易与他人建立良好的沟通关系，减少误解和冲突。

想象一下，如果销售部和市场部都能从公司的整体利益出发，设身处地地考虑对方的立场和需求，那么这场冲突可能就会得到妥善解决。共情思维就像一把钥匙，能打开沟通的大门，化解矛盾。

那如何培养自己的共情思维能力呢？主要做到以下 5 点：

把焦点聚焦在对方的利益和需求上

在沟通中，我们应该把焦点放在对方关注的利益和需求上，而不是只关注自己的立场和观点。通过了解对方关注的问题，我们可以更好地理解对方的立场和需求，从而更好地与对方沟通和协调。为了做到这一点，我们需要积极主动地了解对方的情况和需求，并时刻关注对方的反馈和意见。在与对方交流时，我们可以多问问题，了解对方的关注点，从而更好地满足对方的需求。

进一步深入了解对方的价值观

每个人的价值观都是不同的，因此我们需要深入了解他人的价值观，以更好地理解对方的思考方式和行为准则，精准地了解对方的需求和期望，从而更好地与对方沟通和合作。为了了解他人的价值观，我们可以多与对方交流，了解对方的生活和工作经历，观察对方的行为和决策方式，同时，我们也需要尊重对方的价值观，不要试图批评或改变对方的价值观。

暂时放下评判的论调

在沟通中，我们不应该只是为了批评或评价对方而说话，而是应该把重点放在解决问题和达成共识上。当我们暂时放下评判的论调时，就可以更好地理解对方的观点和需求，从而更好地与对方沟通和协调。所以我们需要避免使用批评或指责的语言，而是使用积极的语言来表达自己的观点和需求，同时，我们也需要认真听取对方的反馈和意见，尊重对方的观点和需求。

静下来倾听

倾听是培养共情思维的关键之一。通过倾听对方的观点和需求，我们可以更好地理解对方的情绪，从而更好地与对方沟通和协调。在倾听时，我们需要给予对方充分的关注和尊重，不要打断或批评对方的观点，可以多使用开放式问题来引导对方的思路，同时也要注意对方的语气和表情变化，以便更好地理解对方。

适当披露自己

在沟通中，适当披露自己的经历和情感可以让对方感受到我们的真诚和信任。当对方感知到我们的真诚时，我们可以更好地与对方建立联系和信任关系，从而更好地与对方沟通和协调。

通过上述 5 点的实践，我相信大家可以逐渐培养出更强的共情能力。

共情不等于同情

在运用共情思维时，我们需要明确一点：共情并不等同于同情。

同情是一种被动的情绪，我们仅从外部观察他人的痛苦和困扰，表示理解但并未真正深入其境。这种情况下，我们与他人的关系呈现出一种垂直的、居高临下的姿态，容易产生距离感，让人觉得我们是强者，对方是弱者。但事实上，这种同情往往不能真正触及对方的内心。

共情则是一种主动的行为，我们努力深入对方的内心世界，将对方视为独特的个体，尝试站在他们的角度看待问题。这种关系呈现出一种水平的、平等的姿态，我们与对方站在一起，以对方的情感为中心，让对方感受到自己被理解、被认同。这种共情思维的目的是为了更好地理解和应对冲突，而不是简单地表示同情或安慰。

因此，我们需要避免将共情变成简单的同情。我们不仅仅要关心对方，更需要从内心去理解和感受对方的情感和需求。

站在协调者视角

共情思维在化解冲突时的确有着不可替代的作用，但这种能力的掌握并非易事，尤其在双方都受情绪影响的情境下。因此，引入第三方协调成为了一种化解冲突的关键策略。

就像我们开篇所提到的案例，公司的高层作为第三方介入，能够为矛盾双方提供一个更加客观和公正的视角，有助于双方更好地理解和解决问题。这种第三方的角色能够平衡双方的观点，避免双方过度情绪化导致决策失误，同时也能够为双方提供一个共同的目标，推动矛盾的解决。

引入第三方协调可以带来很多优势：

第一，第三方的客观性和公正性可以帮助双方冷静下来，避免情绪化的冲突升级。

第二，第三方可以从更加全面的角度分析问题，提供有益的建议和解决方案，促进问题的解决。

第三，第三方的介入可以增加决策的可信度和透明度，增强团队凝聚力和信任感。

引入第三方协调也需要注意一些问题：

第一，第三方需要具备足够的专业知识和经验，能够对问题做出准确的判断和建议。

第二，第三方需要尊重双方的意见和决定，避免过度干预或偏袒任何一方。

第三，第三方协调需要有一定的灵活性和适应性，根据矛盾的具体情况采取适当的策略和措施。

总之，引入第三方协调是一种有效化解冲突的策略。通过第三方的介入和协助，我们可以更好地平衡双方利益，促进问题的解决，加强团队之间的合作和信任。

在实践中，我们需要根据具体情况选择合适的第三方协调方式，充分发挥其优势，为团队的发展和进步创造更加和谐的环境。那么具体我们可以怎么去操作呢？给大家 5 个协调冲突的步骤：

第一步：让双方客观看待彼此互动的方式

首先，作为第三方协调者，我们需要确保双方都能以客观的视角看待彼此的互动方式。我们需要引导双方去观察和思考彼此的行为模式、沟通风格以及在互动中的期望和需求，通过这种方式，可以帮助双方更好地理解彼此，减少误解和偏见。

为了实现这一目标，我们可以采取一些方法，例如引导双方进行角色扮演、观察和反馈彼此的行为模式，或者邀请专业人士进行沟通和冲突解决的培训。同时，我们还需要鼓励双方开放心态，愿意接受新的观点和意见。

第二步：要求双方给出产生矛盾的原因

作为协调者，我们要要求双方明确地指出产生矛盾的具体原因，包括利益冲突、沟通障碍、资源分配等问题。这是解决冲突的关键步骤，我们在收集这些信息时，需要保持中立和客观，避免对任何一方进行评判或批评。

在了解矛盾产生的原因后，我们可以进一步引导双方思考解决冲突的方法。我们可以提出一些开放性的问题，例如“你们认为有哪些方法可以解决这个问题”或者“你们认为哪些因素是导致冲突的关键”，这些问题可以帮助冲突的双方发现新的解决方案，并激发他们的创新思维。

第三步：让每个人轮流总结对方说了什么

作为协调者，我们在调解时需要让每个人轮流总结对方所说的话，确保彼此之间的信息传递准确无误。在协调过程中，确保双方都能够准确理解对方的观点和需求非常重要，如果冲突的双方存在误解或不清楚的地方，我们需要及时进行澄清和解释，以避免信息传递失真。

为了提高信息传递的效率，我们可以采用一些技巧，例如使用简洁明了的语言、避免使用专业术语或行话、鼓励双方进行非暴力沟通等，同时，我们还需要营造一个安全、平等和尊重的沟通氛围，让双方感到舒适和信任。

第四步：轮流问每个人哪些地方同意、哪些地方不同意

协调者通过了解彼此的共识和分歧，可以帮助双方更好地找到共同点和解决方案。了解双方在哪些方面存在共识和分歧非常重要，协调者需要轮流问每个人哪些地方同意、哪些地方不同意，以便更好地掌握双方的立场和需求。例如，我们可以鼓励双方分享自己的观点和需求，并给予他们充分的表达机会。同时，我们还需要引导双方寻找共同点和解决方案，激发他们的创新思维和合作精神。

第五步：邀请双方就如何向前推进给出建议

作为协调者，我们需要鼓励双方提出自己的建议和方案，并给予他们充分的肯定和支持。通过这一步骤，我们可以帮助双方更好地参与到解决方案的制订中来，增强他们的责任感和参与感。同时，我们还需要根据实际情况进行适当的引导和调整，以确保最终的解决方案能够满足双方的利益和需求。

在协调过程中，协调者需要保持中立、客观和公正，避免对任何一方进行偏袒或

批评，积极促进双方的沟通和合作。通过以上 5 个步骤的实施，可以帮助协调者有效地协调部门间的矛盾和冲突，促进团队的和谐与发展。

在职场中，人与人之间的冲突是难以避免的。无论是作为当事人或是协调者，我们都需要以积极、客观的态度面对问题，避免逃避。及早处理冲突是非常重要的，因为不健康的冲突持续时间越长，解决的难度就会越大。

面对冲突，我们首先需要冷静分析，了解冲突的根源。作为当事人，我们可以采取主动沟通、寻求共识、妥协等方式来解决冲突；作为协调者，我们需要促进冲突双方的有效沟通，帮助他们理解彼此的需求和立场，寻找共同的解决方案。

总之，面对职场中的冲突，我们应该采取积极的态度及早处理，以促进团队的和谐与发展。

如何做好绩效面谈，促进员工自我提升

❶ 案例故事 ❷ 绩效面谈四大雷区 ❸ 绩效面谈策略：BEST 法则

案例故事

张经理是某大型互联网公司技术部门的负责人，他需要对下属李明进行年度的绩效面谈，然而，这次面谈的效果并不理想，甚至可以说是失败的。

在面谈开始时，张经理直截了当地对李明说："李明，你最近的工作表现有些问题，我想和你谈谈。"张经理语气严肃，没有给李明任何缓冲的机会。李明听到这话，感到有些紧张，他试图解释："张经理，我最近在项目中遇到了一些困难……"

但张经理打断了他的话："李明，困难不是理由。你要提高你的工作效率和质量，不要找借口。"

李明感到很委屈，他的脸色有些难看："张经理，我一直在努力……"

"努力不够，"张经理再次打断，"你需要更努力地工作，才能提高你的绩效。"

李明感到有些不愉快："张经理，您能具体指出我哪些地方做得不够好吗？这样我才能有针对性地改进。"

张经理沉默了一会儿，列举了一些他认为李明做得不够好的地方。他说话的语气很直接，没有给李明任何反馈或建议。李明认真地听着，但他的心里越来越不满。他认为张经理的评价并不客观，有些地方与实际情况不符。他决定说出自己的想法。

“张经理，”李明礼貌地说，“我认为您说的并不完全准确。我在某些方面做得还是不错的……”张经理又一次打断了他：“李明，你要虚心接受批评。我觉得你还有很多可以提高的地方。”

李明感到很无奈，他觉得这次面谈并没有达到预期的效果。他决定换个话题：“张经理，您觉得我应该如何改进我的工作呢？”张经理想了一会儿，然后给出了一些建议，但他的语气还是有些生硬，让李明感到不舒服。

面谈结束后，李明感到很沮丧。他觉得这次面谈并没有解决什么问题，反而让他感到更加困惑和不满。而张经理也觉得这次面谈没有达到预期的效果，他觉得李明没有认真对待自己的工作。

时至今日，绩效面谈在职业场合中占据着举足轻重的地位，作为绩效考核流程的最后环节，它的重要性不容忽视。当我们是团队的管理者时，如果我们能做好绩效面谈，不仅能给面谈双方带来满意的结果，让绩效面谈真正发挥作用，还能对员工起到积极引导的作用，同时也有利于整个团队的健康持续发展。然而，不少管理者在与下属绩效面谈时面临着对方满意度不高的困境，这也让许多管理者感到困扰。绩效面谈成了一个棘手的问题，一旦处理不当，很容易对下属和团队产生负面影响。

案例中面谈失败的主要原因在于张经理的态度和沟通方式。他过于直接和生硬，没有给李明足够的空间来表达自己的想法和意见，同时，张经理也没有认真倾听李明的反馈，而是坚持自己的观点和评价。这样的沟通方式很容易引起对方的反感和不愉快，导致面谈的效果大打折扣。

绩效面谈四大雷区

绩效面谈是职场中非常重要的沟通环节，也是一项需要技巧和艺术的挑战。在实际操作中，很多管理者往往会不慎踏入一些雷区，导致绩效面谈的效果大打折扣，以下是绩效面谈中需要避免的四大雷区以及正确的操作方法。

雷区一及正确操作方法

把面试当审判

有些管理者容易把绩效面谈变成对下属的审判和批评。他们过于关注下属的不足之处，不断强调问题和缺点，甚至用责备和质问的语气对待下属。这样的面谈方式很容易让下属感到不满，导致他们无法真正接受反馈和改进。

正确的操作方法

营造积极的氛围。在面谈开始前，我们要先与下属建立互信和尊重的关系，让下属感受到关心和支持。

以发展为导向。我们要将重点放在下属的未来发展上，帮助下属认识自己的优点和不足，明确工作方向和目标。

提供建设性的反馈。我们要用具体的事例和数据来提供反馈，强调改进和发展的建议，而不仅仅是指责问题和不足。

雷区二及正确操作方法

面试只对人不对事

在进行绩效面谈时，有的管理者会过于关注下属的个人特质和性格特点，而不是具体的工作表现和业绩。他们可能会对下属的性格、态度或者行为做出评价，而不是针对具体的工作成果和绩效指标。这样的面谈方式很容易导致评价结果的主观性和不公正性。

正确的操作方法

关注具体的工作表现。我们要根据公司设定的绩效目标和考核标准，对下属的工作表现进行评估，而不是基于个人特质和性格特点。

使用客观的评估标准。我们要确保评估标准是客观、具体和可衡量的，避免主观臆断和随意评价。

强调事实和数据。我们要用事实和数据来支持评估结果，让下属真正了解自己的绩效状况。

雷区三及正确操作方法

不注重时效性

绩效反馈应当具有时效性。普通员工的绩效考核周期一般都比较短，有些管理者在进行绩效面谈时不注重时效性，往往等到季度或年度考核结束后才进行面谈。这样的面谈方式不仅无法及时发现和解决问题，还可能让下属感到被忽视和不被重视。

正确的操作方法

及时反馈。在每次工作任务结束后，我们都要及时与下属进行简短的面谈，给予反馈和指导。这样可以及时纠正问题，促进下属的成长。

定期评估。在每个考核周期结束时，我们要进行全面的绩效面谈，对下属的整体工作表现进行评估。这样可以确保评估结果的客观性和准确性。

关注发展计划。在与下属的面谈中，我们不仅要关注他过去的表现，还要关注其未来的发展计划，及时调整和改进下属的目标。

雷区四及正确操作方法

面试方式一成不变

有些管理者在进行绩效面谈时，总是采用一成不变的面谈方式，不论面对什么样的下属和什么样的工作表现，都采用同样的方式进行评估和反馈。这样的面谈方式无法满足不同下属的需求，也无法确保评估结果的准确性和公正性。

正确的操作方法

灵活运用面谈技巧。我们要根据不同的情境和需求，灵活运用不同的面谈技巧，如倾听、提问、引导等，以达到最佳的面谈效果。

多样化评估方式。除了传统的面对面评估方式外，我们还可以尝试其他评估方式，如 360 度反馈、自我评估等，以便更全面地了解下属的工作表现。

个性化反馈。我们要根据下属的不同性格、需求和工作表现，提供个性化的反馈和指导，以满足不同下属的需求和发展。

在绩效面谈中，如果管理者踩到了以上的雷区，造成的危害不容忽视。

第一，把面谈变成审判会严重打击下属的积极性和信心，导致他们失去对绩效改进的兴趣和动力。

第二，过于关注个人特质和性格特点会导致评估结果的主观性和不公正性，进而影响团队的凝聚力和整体绩效。

第三，不注重时效性会让下属感到被忽视和不被重视，而一成不变的面谈方式无法满足不同下属的需求和发展。

因此，在绩效面谈时，管理者需要特别警惕这些雷区，并采取正确的操作方法来确保面谈的有效性。管理者通过关注具体的工作表现和客观的评估标准，营造积极的氛围，提供及时的反馈和个性化的指导，可以帮助下属更好地认识自己的优点和不足，明确工作方向和目标，促进他们的成长和发展。

绩效面谈策略：BEST 法则

了解了面谈的雷区和正确做法后，下面我们将来谈一谈，在实际的面谈过程中，我们应该怎样去沟通，让员工对最终的绩效结果心服口服。给大家分享一个 BEST 法则。

BEST 法则是绩效面谈中的一种技巧，旨在通过描述行为、表达后果、征求意见和着眼未来 4 个步骤，帮助管理者与下属进行有效的沟通和反馈。它以客观的行为为基础，强调具体、明确的描述和建设性的反馈，旨在促进下属对自身工作表现的理解和改进。

通过使用 BEST 法则，管理者可以建立开放、坦诚的沟通氛围，激发下属的积极性和参与感，促进团队和个人共同发展。

BEST 法则 4 个步骤包括：

描述行为（Behavior Description）

在这一步，管理者需要具体、明确地描述下属在工作中的行为，包括好的表现和不良表现。这样的描述应该基于客观的事实和数据，避免主观臆断和评价。通过描述下属的行为，管理者可以帮助下属更好地理解自己的工作表现，也为后续的反馈提供了基础。

表达后果（Express Consequences）

管理者需要清楚地表达出下属行为所带来的后果。对于好的表现，管理者要给予肯定和鼓励，让他感受到自己的努力得到了认可；对于不良表现，管理者要客观地指出其所带来的负面影响，并帮助他认识到问题的严重性。在表达后果时，管理者需要注意语气和措辞，避免过于严厉或消极，以免打击下属的积极性和自信心。

征求意见（Solicit Input）

管理者需要积极倾听下属的意见和建议。下属对自己的工作表现往往有更深入的感受和见解，他们可能会提出一些解决问题的有效方法。通过征求下属的意见，管理者可以激发他们的主动性和创造性，促进团队的合作与成长。在这一步中，管理者需要展现出开放和包容的态度，鼓励下属发表自己的观点和建议。

着眼未来（Talk about Positive Outcomes）

管理者需要与下属一起探讨未来的发展目标和计划。管理者要基于前面与下属的分析和讨论，制订出具体的改进措施和目标。在这个过程中，管理者需要给予下属积极的引导和支持，帮助他们建立信心和动力，以实现个人和团队的共同成长。

通过以上 4 个步骤，管理者进行绩效面谈时可以更好地了解下属的工作表现，找到问题并制订解决方案。同时，这种面谈方法也有助于建立良好的上下级关系，提高团队的凝聚力和整体绩效。

清楚了 BEST 的每一个步骤后，接下来我们来通过一些案例来加深理解。以下是一个基于 BEST 法则的绩效面谈话术案例。

小高在工作中缺乏团队合作精神，老板利用 BEST 法则和他面谈：

B（描述行为）：“小高，在过去的一个月里，我注意到你在团队合作方面存在一些问题。你在会议上很少发表意见，也很少主动与同事合作完成项目。”

E（表达后果）：“你缺乏团队合作精神的问题不仅影响了团队的效率和整体的工作氛围，也可能导致项目延期或无法顺利完成。此外，这也可能对你的个人职业发展产生负面影响。”

S（征求意见）：“小高，我想听听你对于这个问题的看法。你觉得是什么原因导致了你在团队合作方面的不足？你有什么想法或建议来改进这个情况吗？”

T（着眼未来）：“我了解到你已经意识到了这个问题的重要性，并且愿意采取积极的措施来改进。我建议你多参加团队活动，积极与同事交流，分享你的想法和意见。同时，我也会提供必要的支持和资源，帮助你提高团队合作精神和能力。我相信通过我们的共同努力，你能够成为一个更好的团队成员。”

在面对员工犯错后的绩效沟通场景时，BEST 法则无疑是一个非常有力的工具。它不仅能让员工对结果心服口服，更重要的是，它还能激发员工对未来的期望，让双方都得到满意的结果。

在很多企业的绩效考核中，绩效面谈扮演着至关重要的角色。它不仅是实现管理者和下属之间关于绩效问题的沟通与确认的机会，更能激发员工潜能，提升团队战斗力。作为一位优秀的管理者，我们应该充分利用每一次绩效面谈的机会，与员工进行深入的交流。通过绩效面谈，我们可以了解员工在工作中遇到的问题和困难，共同探讨解决方案，并制订出切实可行的绩效改进计划。

通过这样的沟通与合作，我们可以弥补绩效的缺口，提高员工的绩效水平，激发他们的工作热情和主观能动性。只有这样，我们的团队才能变得更加强大，为企业的发展注入源源不断的动力。

如何做好老客户关系日常维护

❶ 案例故事 ❷ 老客户的分类 ❸ 恰当的回访时间 ❹ 回访方式及内容
❺ 回访注意事项 ❻ 回访心态调节

案例故事

相信大家都听说过这样一个规律：在我们的客户关系中，存在着一种不平衡的现象。具体来说，老客户往往占据了营业额的绝大部分，而新客户所贡献的份额相对较少。这种规律被称作“二八定律”，具体表现为：80% 的营业额来自于老客户的持续支持和信任，而仅有 20% 的营业额来自新客户的初次购买。所以对于任何一家企业而言，维护老客户都是核心工作指标之一。

李明是一家大型零售公司的客户服务经理，负责维护与公司有多年合作关系的老客户。这些老客户对公司的业务发展起到了至关重要的作用，因此，李明深知需要与他们保持良好关系。

然而，最近李明面临着一个棘手的问题。他注意到，尽管公司不断推出新产品和服务，老客户的订单量却开始下滑。他尝试通过定期的电话沟通和邮件问候来了解情况，但收效甚微。他发现老客户们对公司的新产品并不感兴趣，而且有些客户的目光已经开始转向竞争对手。

李明开始深入调查，发现竞争对手在客户关系维护方面做得非常出色。他们不仅定期与客户保持联系，了解客户的需求和反馈，还根据客户的个性化需求提供定制服务和解决方案。相比之下，李明在客户关系维护方面显得过于被动，缺乏有效的沟通和互动。

为了挽回老客户的信任和忠诚度，李明决定采取一些积极的措施。他开始组织定期的客户座谈会，邀请老客户分享他们的需求和意见。同时，他加强了与客户的个性化联系，通过深入了解他们的业务和需求提供更加贴合他们需求的解决方案。此外，他还增加了对客户的关怀和问候，让客户感受到公司的关心和重视。

通过这些措施的实施，李明逐渐恢复了与老客户的良好关系。客户的订单量开始回升，他们对公司的信任和忠诚度也得到了增强。李明深知，只有不断加强与客户的沟通和联系，才能确保老客户关系的长久稳定发展。

不可否认的是，在企业的客户关系管理中，维护老客户关系至关重要。我们需要采取积极主动的措施，加强与客户的沟通和互动，了解他们的需求和反馈，并提供更加贴合他们需求的解决方案和服务。只有这样，才能确保老客户的忠诚度和满意度，避免客户的流失和推动业务的发展。

那么，应该如何维护自己的老客户？我们在对客户进行维护时，是否也遇到过不知道在什么时间、什么地点、以何种方式对老客户关系进行维护的情况？接下来我们将详细地进行剖析。

老客户的分类

为了更好地进行老客户维护，我们需要做的是先对老客户进行分级管理，就是按照客户价值、购买行为和忠诚度进行分级，在这里主要分为 3 类老客户，分别是高价值长期忠诚客户、高价值临时客户、低价值临时客户。这里给大家整理出每一类客户的特征以及对应的维护方案：

高价值长期忠诚客户

特征： 此类客户为企业贡献了大量的销售额和利润，与企业建立了长期稳定的合作关系，对企业的产品和服务非常满意。

维护方案： 提供个性化、定制化的服务和产品，确保他们的需求得到满足。定期进行深层访问，深入了解他们的业务和未来需求。通过特别的优惠、VIP 待遇等方式增强他们的忠诚度。

高价值临时客户

特征： 此类客户为企业贡献了较大的销售额和利润，但可能由于各种原因尚未形成长期合作的意愿。

维护方案： 深入了解他们的需求和业务模式，提供定制化的服务和产品，以促进其转化为长期客户。同时，通过定期的互动和回访，增强他们对企业的信任和忠诚度。

低价值临时客户

特征： 此类客户的购买频次和客单价相对较低，可能对企业的产品和服务有一定的需求，但尚未形成长期合作的意愿。

维护方案： 通过提供更多的优惠和促销活动，提高他们的购买频次和客单价。通过定期的互动和回访，了解他们的需求和反馈，提高他们对企业的认知度和好感度，以促进其转化为长期客户或高价值客户。

只有明确每个层级的客户需求，才可以更有效地满足不同需求的客户。针对不同类别的老客户，企业需要采取不同的维护方案。维护老客户的一个核心动作就是对客户进行回访，这样我们才可以定期收集他们的需求和想法，当然在回访上也是有讲究的，要学会用恰当的时间和方式去进行回访。

恰当的回访时间

在回访老客户时，选择恰当的时间是非常重要的。首先我们要认识到，在职场中尊重他人的时间是一种基本的礼貌和职业素养。因此，我们应尽量避免在客户忙碌或休息的时间进行回访，以免造成不必要的困扰。

一般来说，上午 9 点到 11 点，下午 2 点到 4 点是较为适宜的回访时间。这个时间段客户通常处于工作状态，有足够的时间和精力与我们进行交流。同时，我们也要根据客户的个人习惯和职业特点来灵活调整回访时间，以确保回访的高效和顺畅。

另外，我们还需要注意回访的频率。过于频繁的回访可能会让客户感到压力和不便，而过于稀少的回访则可能无法及时了解客户的需求和反馈。因此，我们需要根据具体情况来确定回访的频率，并在回访时保持热情、耐心和专业性，以建立和维护与老客户的良好关系。

总之，恰当的回访时间是在尊重客户时间的基础上根据具体情况灵活调整的。通过选择合适的时间和保持适当的回访频率，我们可以更好地与老客户建立和维护良好的关系，提升客户满意度和忠诚度。

回访方式及内容

最好的客户回访是给客户提供超乎预期的服务和产品。在对老用户进行回访时我们最常用的方式有两种，分别是电话回访和短信回访，下面介绍这两种回访方式的优缺点以及对应回访的核心内容。

电话回访

优点：

直接沟通。电话回访能够直接与客户进行交流，快速获取客户的反馈和意见。

实时互动。通过电话回访，我们可以与客户进行实时的互动，解答客户的疑问或解决客户的问题。

情感传递。直接的沟通可以传递情感，增强与客户的情感联系，提高客户忠诚度。

缺点：

时间限制。电话回访需要客户在一定时间内接听电话，可能会打扰客户的正常工作或生活。

成本较高。这个方式需要投入较多的人力和时间资源，成本相对较高。

核心内容：

询问客户的基本情况，了解客户的业务发展状况。

了解客户对我们产品或服务的满意度和使用情况。

听取客户的反馈和建议，积极改进产品或服务质量。

下面就是如何通过电话回访获取用户需求的案例：

销售：“您好，王总。我是 XX 公司的销售代表，最近您公司生意如何？有哪些新项目在进行吗？”（询问客户的基本情况）

客户：“最近我们公司业务发展不错，有几个新项目正在进行中。”

销售：“恭喜您！您对我们公司的产品有什么建议或意见吗？”（了解客户的反馈和建议）

客户：“我觉得你们的产品性能不错，但价格稍微有点高。”

销售：“非常感谢您的反馈，我们会认真考虑并努力改进产品性能，争取给您提供更优质的服务。”（积极回应客户的反馈）

短信回访

优点：

便捷快速。短信回访发送速度快，能够迅速传达信息给客户。

成本较低。短信相对于电话成本较低，能够降低回访成本。

不打扰客户。短信基本不会打扰客户的正常工作或生活，能够避免给客户带来不必要的麻烦。

缺点：

信息量有限。短信回访的信息量相对较小，无法传递过多的信息。

互动性较差。这个回访方式的互动性相对较差，无法进行实时的互动交流。

核心内容：

发送问候和祝福短信，增进与客户的情感联系。

发送产品或服务的使用提示和注意事项，提高客户的使用体验。

收集客户的反馈和意见，及时了解客户的需求和期望。

给大家一些例子以方便理解：

发送问候和祝福短信："王总，祝您周末愉快，生意兴隆！"

发送产品或服务的使用提示和注意事项："李经理，关于您使用的我们的产品，建议您定期进行保养和维护，如有任何问题可以随时与我们联系。"

收集客户的反馈和意见："张总，我们想知道您对我们未来合作的期望是什么？您认为我们可以为您的公司带来哪些新的价值？"

回访注意事项

除了以上内容，我们在进行老客户回访时，有以下几点注意事项：

保持专业和礼貌的态度。友好的态度和专业的精神可以增加客户的好感度，建立良好的企业形象。同时，我们要注意避免过度推销或骚扰客户，以免引起客户反感。

提供有价值的信息。在回访中，我们要尽量提供对客户有价值的信息，可以包括产品更新、优惠活动、行业动态等。提供有价值的信息可以增加客户对企业的信任度，并提高他们的满意度。

倾听客户的反馈。在回访过程中，我们要积极倾听客户的反馈和意见。客户的声音是宝贵的反馈来源，可以帮助企业了解产品的优点和缺点，发现改进的机会。要注意不要打断客户，耐心听取他们的意见和建议。

解决客户的问题和疑虑。如果客户在回访中提出了问题或疑虑，要尽快解决。我们要尽量为客户提供详细和满意的解答，以消除客户的疑虑和不满。如果无法立即解决问题，我们要承诺尽快跟进，最后给予客户满意的答复。

记录回访内容和后续行动。在回访过程中，我们要记录重要的内容和客户的反馈。这些记录可以作为后续改进的参考依据，帮助企业更好地满足客户需求。此外，对于需要后续跟进的事项，要制订行动计划并执行。

定期回访和持续关怀。为了维护良好的客户关系，我们需要定期回访客户，并持续关怀他们的需求和反馈。定期回访可以建立稳定的沟通渠道，增强双方的信任关系。同时，通过持续关怀可以更好地了解客户动态，发现新的商机。

通过有效的老客户回访，可以增强客户的忠诚度，提高个人的竞争力之余也可以提升企业的竞争力。

回访心态调节

在我们对客户的回访过程中，遇到客户抱怨是不可避免的。然而，如何正确对待这些抱怨，将被动转化为主动，是至关重要的。客户的抱怨可能源自多方面，例如对产品不满意、技术人员的服务态度或能力差等。客户的每一条抱怨都是对我们服务的反馈，也是我们改进的动力。

解决客户的抱怨并非只是平息他们的不满，更要深入了解背后的原因，这有助于我们发现潜在的问题、提升业务能力，以及更好地满足客户的真实需求。

客户回访作为客户服务的关键环节，其重要性不容忽视。我们应重视每一次回访的机会，运用恰当的技巧确保客户的满意度和忠诚度。同时，这也有助于我们持续优化销售策略，助力业绩目标的顺利达成。

在与客户沟通时，我们要始终以老客户为中心，将他们作为我们销售工作的重心。通过日常的回访工作，我们可以更好地了解他们的需求，提供更精准的服务，从而确保销售的长久稳定。

如何有效地向客户推销产品

❶案例故事 ❷卖点提炼的原则 ❸卖点提炼的维度 ❹产品推销技巧

案例故事

小力是一家高端空调的销售员。在向一对年轻夫妻推销一款新型的高端空调时，他主要强调了这款空调的先进技术、节能特点以及超强的制冷效果，他告诉顾客，这款空调使用了最新的制冷技术，可以更快地降低室内温度，并且非常节能，能为他们节省不少电费。然而，顾客在听完介绍后，并没有表现出购买的兴趣。

通过深入了解发现，小力虽然对产品有深入的了解，但在推销过程中，他并没有充分考虑到顾客的实际需求和利益。他只是简单地介绍了产品的特点，没有将这些特点与顾客的实际需求联系起来。对于年轻夫妻来说，他们更关心空调的外观设计、噪音大小、是否易于操作等问题，如果小力能够综合从这些角度出发，详细说明这款空调的外观设计与他们的家居风格相匹配，噪音不大能保证他们的舒适度，以及其易于操作的特性能为他们带来便利，那么顾客可能会更愿意购买。

此外，小力在推销过程中也没有考虑到顾客的心理预期。他只是单纯地强调产品的优点，而没有告诉顾客如果不购买这款空调可能会面临的问题和不便。例如，如果他们选择了一款性能不佳的空调，可能会面临制冷效果不佳、电费激增等问题。通过充分展示产品的优点以及不购买的潜在坏处，只有这样才能够更好地引导顾客做出购买决定。

所以，在推销产品时，仅仅介绍产品的特点是不够的。我们需要从顾客的利益点出发，充分展示产品如何满足顾客的实际需求和心理预期，以及不购买的潜在坏处，这样才能促使顾客做出购买决定。顾客购买产品的真正目的是为了获得产品所能带来的益处，因此，在推销产品时，我们不能只停留在介绍产品的特点上，而应该着重强调这些特点能为顾客带来哪些具体的利益。

同时，为了让顾客相信这些利益的真实性，我们还需要提供有力的证据或支持，即产品的独特卖点。这些卖点应该是顾客所认可的，是竞争对手无法或未曾提出的，并且在传播过程中易于理解和记忆的。所以，找到产品的核心卖点非常重要，它们能够突出产品的优势，使顾客产生强烈的购买欲望。

卖点提炼的原则

产品的卖点无处不在，无时不有。在推销产品、提炼亮点时，我们需要遵从以下8大原则：

顾客导向

顾客是市场的核心，因此产品的卖点必须紧密围绕顾客的需求和利益展开。我们需要深入了解目标顾客群体，包括他们的需求、痛点、期望以及购买习惯，从而确保提炼的卖点与顾客的实际需求高度契合。比如我们推销一款儿童智能手表时，除了基本的功能外，家长更关心的是手表的定位精度、通话质量以及是否易于孩子操作。因此，在提炼卖点时，应着重强调这些功能，并配以实际的使用场景和家长评价，增强说服力。

独特性

在竞争激烈的市场中，产品的独特性是其脱颖而出的关键。我们需要挖掘出产品与众不同的特点或优势，并将其转化为具有吸引力的卖点。例如一款手机如果拥有出色的拍照功能，销售员可以提炼出“专业级摄影体验”作为卖点，并通过对比竞品和展示实际拍摄样张来突出其独特性。

可验证性

产品的卖点必须是可验证的，即顾客可以通过某种方式验证其真实性，这样可以增强顾客对产品的信任感。比如我们在推销一款节能灯泡时，可以提供独立的能效测试报告或第三方认证来证明其节能效果，从而让顾客更加信服。

简洁明了

有效的信息传递要求语言简洁明了。过于复杂或晦涩的卖点描述可能会让顾客感到困惑，从而降低购买意愿。比如我们在介绍一款新型洗衣机时，应避免使用过于专业的术语，而是应用通俗易懂的语言描述其独特功能和优势，如“一键操作，轻松洗衣”等。

情感共鸣

人们购买产品时往往受到情感的驱动，我们要通过卖点的提炼和介绍引发顾客的情感共鸣，从而激发他们的购买欲望。如在推销一款高端音响时，可以描述音乐如何改变生活、带来愉悦感受等情感层面的内容，从而让顾客对产品产生更深的情感联系。

一致性

产品的卖点必须与其品牌形象和市场定位保持一致，不一致的卖点可能会导致顾客的混淆和不信任。如果一家公司以生产高品质产品著称，那么其产品的卖点也应强调品质方面的优势，如“精工细作，品质卓越”等。

可传达性

好的卖点不仅需要具备吸引力，还需要能够被有效地传达给目标顾客群体。销售员需要选择合适的传播渠道和方式，确保卖点信息能够准确、及时地传达给潜在顾客。比如针对年轻人群体的产品，可以选择在社交媒体平台上进行推广，利用短视频、直播等形式生动展示产品的卖点和优势。

可更新性

市场环境和顾客需求是不断变化的，因此产品的卖点也需要随之更新和调整。我们需要保持敏锐的市场触觉，及时捕捉新的市场趋势和顾客需求，从而更新产品的卖点。比如随着环保意识的增强，越来越多的顾客开始关注产品的环保性能，因此，我们在推销产品时，可以适时地加入与环保相关的卖点，如“环保材料制造，低碳生活首选”等。

总之，在提炼和介绍产品卖点时，我们需要确保卖点能够紧密围绕顾客需求、突出产品优势、引发情感共鸣并有效地传达给目标顾客群体。同时，我们还需要保持市场敏感性，随时更新和调整产品的卖点以适应不断变化的市场环境。

卖点提炼的维度

对于产品来说，卖点可以从多个维度进行提炼。以下是一些常见的维度：

功能卖点

产品的功能特点是吸引顾客的关键。我们需要深入了解产品的各种功能，并强调这些功能如何满足顾客的实际需求。在介绍功能特点时，我们可以突出产品的独特功能和创新点，以区别于竞争对手。

品质与工艺

高品质和精湛的工艺是顾客对产品的基本要求。我们在推销时需要强调产品在材料选择、制造工艺、品质检测等方面的优势和标准。通过突出产品的品质与工艺，可以增加顾客对产品的信任感和忠诚度。

设计与外观

产品的外观是顾客对产品第一印象的关键因素。我们需要注重描述产品的设计理念、独特外观和颜色搭配，以满足顾客的审美需求。突出产品的设计之美，可以增加产品的吸引力和竞争力。

用户体验

良好的用户体验是产品竞争力的核心要素。介绍时需要关注产品的易用性、舒适度、反应速度等方面，并强调这些优势如何提升顾客的使用体验。优化用户体验，可以提高产品的口碑和品牌形象。

价值与性价比

顾客在购买产品时通常会考虑其价值和性价比。我们需要突出产品的价格优势、性价比以及所能带来的长期效益。通过对比竞争对手和提供优惠活动，可增强顾客的购买动力和忠诚度。

品牌与信誉

品牌形象和信誉对于产品来说至关重要。介绍的过程需要强调品牌的实力、历史和市场地位，以及所获得的荣誉和认证。

情感与文化价值

某些产品所蕴含的情感和文化价值能够触动顾客的心灵。如果想与顾客建立情感联系以激发顾客的购买欲望，我们需要挖掘产品背后的故事、文化内涵和情感联系，以增加产品的附加值和独特性。

服务与支持

良好的售后服务和支持体系能够消除顾客的后顾之忧。我们需要强调产品的售后保障、维修保养以及技术支持等方面的优势。通过提供全方位的服务与支持，可以提高顾客满意度和忠诚度，增加重复购买的可能性。

产品推销技巧

当我们明确了产品的核心卖点后，如何巧妙地向顾客展示这一卖点，让他们产生浓厚的兴趣并激发购买欲望，就显得尤为重要。就像在话术中巧妙地设置“诱饵”，从而“捕获”顾客的注意力。那么，究竟应该如何呈现产品的卖点呢？这里有一个非常实用的技巧：FABE 法则。这个法则不仅实用，而且效果显著，是销售中不可或缺的一环。

FABE 法则是一种广泛应用于销售和市场营销的策略，旨在将产品的优点和利益有效地传达给潜在客户。这个法则包含了四个关键要素：Feature（特点）、Advantage（优势）、Benefit（利益）和 Evidence（证据）。

1.Feature（特点）

在介绍产品时，我们要描述产品的基本属性，即它是什么以及它具有哪些基本功能。我们需要清晰地阐述产品的特点，让客户了解产品的基本构成和功能。

2.Advantage（优势）

在描述产品特点的基础上，我们要进一步突出产品在同类产品中的优势。它强调的是产品与其他竞品的区别和优越性。

3.Benefit（利益）

利益是将产品的特点和优势转化为对客户的益处，即客户能够从产品中获得的实际利益。这是 FABE 法则中非常关键的一步，因为它直接涉及到客户的需求和痛点。

4.Evidence（证据）

证据是为了证明前面所提到的特点和优势的真实性，以及产品能够给客户带来利益的可靠性。这可以包括产品的实际测试报告、用户评价、媒体报道等第三方资料。

例如，我们要向客户介绍公司最新研发的高科技智能手表，这款手表不仅具备传统手表的所有功能，还融入了许多创新技术和智能元素，让它成为市场上的翘楚。我们可以通过 FABE 法则这样介绍：“尊敬的 xxx，您好！我非常荣幸能够有机会向您介绍我们公司最新研发的高科技智能手表。”

接着，我们可以拿起产品给对方进行详细介绍：

“您可以看一下，这款智能手表拥有一个超高清的触控屏幕，色彩鲜艳且显示效果极佳。同时，它具备强大的健康监测功能，可以实时监测您的心率、血压、血氧等健康数据（特点）。

“这款手表的电池寿命非常长，一次充电可以使用长达一周的时间，让您无需频繁充电，而且，它还支持无线充电，方便快捷（优点）。

“最重要的是，这款智能手表能为您提供个性化的健康管理和生活助手服务。根据您的健康数据，它可以为您制订个性化的锻炼计划和饮食建议，同时还能提醒您的日程安排、来电和短信，让您生活更加便捷（利益）。

“在产品推出后，我们已经收到了众多客户的好评，他们都对这款手表的高清屏幕、强大的电池寿命和个性化服务赞不绝口。而且，我们的客户反馈中还提到，这款手表已经成为他们日常生活中不可或缺的伴侣（证据）。”

通过 FABE 法则，推销员把产品介绍得头头是道、有条有理，顾客也听得明明白白，并且被勾起了购买的欲望。在使用这个法则时，有以下这些优势：

增强说服力

FABE 法则是通过科学的逻辑系统，将产品的特点、优点和利益有机结合，让销售人员在产品讲解时有规律、有方法可循，这样能准确地说出顾客所在意的需求要点，增加顾客对产品的信任度，提高销售说服力。

促进创新

FABE 法则鼓励销售人员深入了解客户需求和行业趋势，从而推动产品创新和业务拓展。这种以市场为导向的产品开发和创新思路有助于企业在激烈的市场竞争中保持领先地位。

提升客户满意度

FABE 法则强调将产品的特点和优势转化为对客户的利益，即客户能够从产品中获得的实际利益。这种以客户需求为中心的销售方式能提升客户满意度，增加客户的回头率和口碑传播。

在面临与竞争对手的相似产品激烈竞争时，我们通过分析市场上的特点、优点相似的产品，会发现客户需求是千差万别的，而成功的销售人员需要按照客户的需求去介绍产品的利益点。

第一，我们需要深入挖掘客户的实际需求和痛点。在面对相似产品时，客户的需求更加多样化，我们需要具备敏锐的洞察力，了解客户的个性化需求，并以此为基础进行产品介绍。只有深入了解客户的需求，才能更好地满足他们的期望，并促使他们做出购买决定。

第二，我们需要通过对产品的真实了解以及调研，提炼出产品的核心卖点，把卖点转化为对客户的利益点。

第三，我们需要通过一定的销售技巧将产品更好地介绍给客户，只有这样才能真正满足客户需求，提升销售业绩。

如何正确处理客户投诉

❶ 案例故事 ❷ 处理客户投诉 4 大原则 ❸ 处理客户投诉的 7 个步骤
❹ 处理客诉的话术技巧

案例故事

谈及客户投诉，不少人会感到棘手，因为在许多人的固有观念里，投诉即是困扰，投诉者被视作问题的源头。实际上，客户投诉所造成的影响和后果是不容小觑的，它可能给客户带来负面的体验，使他们在认知和情感上都与我们渐行渐远，甚至形成对立。更为严重的是，一位客户的怨言有可能波及到一大批潜在的客户，从而直接损害产品及企业的形象，并对处理者的个人信誉带来一定程度的冲击。因此，对于那些需要与客户交流的人士来说，处理客户投诉时需要极度小心，万万不可掉以轻心。

实际上，客户提出投诉的核心目的在于能够迅速、妥善地解决他们所面临的问题。在某些情况下，问题本身可能并不复杂，但矛盾激化的原因往往在于我们在处理客户投诉时的沟通方式欠妥。因此，我们需要采取更为恰当的沟通方式来处理这些问题，以防止矛盾的进一步升级。

比如以下的案例，就是因为不正确处理而导致利益损害更严重。

一家五星级酒店的客户抱怨道：“我在你们酒店住了一晚，第二天早上醒来，我发现房间的地毯上有一个巨大的污渍！”

酒店经理回应道：“先生，很抱歉听到您的反馈。但是，我们酒店的地毯是每日清洁的，不太可能出现污渍。”

客户怒气冲冲地说：“但我确实看到了，我希望能有个合理的解释和赔偿。”

酒店经理试图辩解：“可是我们的清洁工作十分严格，我不认为这是我们的问题。”

客户听了之后更加生气：“你这是在指责我吗？我要投诉你们的服务态度！”

酒店经理意识到情况不妙，但仍然坚持自己的立场：“我并没有指责您，只是希望我们能找到问题的真相。”

客户失望地离开了酒店，并在社交媒体上分享了这次不愉快的经历。此事迅速传播开来，对酒店造成了极大的负面影响。

在这个案例中，酒店经理的处理方式显然不够妥当。面对客户的投诉，他应该首先表示歉意，并立即采取措施解决问题。然而，酒店经理却选择质疑客户的观察力和重申酒店的清洁标准，这无疑加剧了双方的矛盾。

处理客户投诉 4 大原则

在处理客户投诉时，需要遵循 4 大原则，以提高客户的满意度，建立更加良好的客户关系。

控制好情绪

面对客户的投诉，我们首先要做的是保持冷静，不要被情绪左右。不论客户的态度如何，我们都要努力保持平和、友善的态度，因为这会影响到客户对我们和企业的整体印象。

尊重理解客户

客户是企业的宝贵资源，他们的反馈是企业改进和发展的重要信息，因此，我们要尊重客户的权利和意见，并真诚地倾听他们的声音，理解他们的需求和期望。

换位思考

我们要站在客户的角度去思考问题，了解他们的困扰和不满，这样可以帮助我们更好地理解客户的感受，找到问题的根源，从而提供更有效的解决方案。

首问责任

首问责任是指当客户有问题或投诉时，第一个接触或接到问题的人应该负责到底，直到问题得到解决。所以对于客户的投诉，首问责任人要负责到底，不能推卸责任或转交他人处理。这不仅是对客户负责，也是企业维护自身形象和信誉的重要手段。首问责任人需要全程跟踪处理过程，确保问题得到妥善解决。

遵循这些处理客户投诉原则，可以有效提高处理客户投诉的效率和满意度，增强客户对企业的信任和忠诚度。

处理客户投诉的 7 个步骤

很多职场人在面对客户投诉时缺乏处理经验，往往会感到困扰和无所适从。实际上，只要按照以下 7 个步骤操作，就能轻松地解决客户投诉问题。

真诚聆听

在处理客户投诉时，我们首先要做的是真诚地聆听客户的诉求。这一步的关键是避免打断客户，让客户充分表达他们的不满和问题。同时，要注意非语言信号，如面部表情和语调，以更好地理解客户的情绪。聆听客户投诉不仅是解决问题的基础，也是展示关心和尊重的重要步骤。

感谢提出

尽管客户投诉可能会给我们带来压力和困扰，但我们仍然需要向客户表达感谢。

感谢客户提出问题有助于我们改进和提升服务质量。同时，这也是展示我们重视客户反馈和意见的一种方式。

及时道歉

在确认问题后，我们应该向客户道歉。道歉意味着承认我们的过失或不足，这有助于缓解客户的情绪，为企业赢得客户的谅解。道歉时，我们要避免使用空洞的措辞，而是要真诚地表达歉意，并承认问题对客户造成的不便。这个过程也是在表示我们处理问题的态度是积极的、站在用户角度的。

承诺立即处理

接下来，我们需要承诺立即处理客户投诉的问题。这一步展示了我们服务和处理问题的决心和效率，让客户感受到我们解决问题的诚意和能力。同时，立即处理也有助于防止问题进一步恶化或产生更广泛的影响。

提出解决方案

在承诺处理之后，我们需要提出具体的解决方案。解决方案要考虑到客户的利益和需求，并尽可能为客户提供多种选择。这不仅可以满足不同客户的需求，还可以增加解决问题的灵活性。在提出解决方案时，我们要保持与客户的沟通，确保双方都理解了解决方案的内容和实施步骤。

确认客户满意度

在实施解决方案后，我们也需要与客户确认他们的满意度。这不仅是对客户反馈的尊重，也是评估解决方案有效性的重要步骤。如果客户仍然不满意，我们需要重新审视问题并寻找其他解决方案。通过确认客户的满意度，我们可以了解解决方案的效果，并为未来的投诉处理提供经验和教训。

保证类似事情不会再发生

最后一步是向客户保证类似的事情不会再次发生。这一步对于我们建立客户的信任和企业形象至关重要。为了实现这一目标，我们还需要对投诉进行根本原因分析，并采取适当的措施来预防类似问题的再次出现。此外，我们还可以通过提供预防措施和改进方案来增加客户对企业和产品的信任感。

处理客户投诉是与客户互动的重要环节，为了持续优化投诉处理流程，我们也需要不断收集客户反馈并从中吸取教训，以便更好地满足客户需求并持续改进服务水平。

第一，我们要真诚地倾听客户的抱怨，并确保充分理解客户所面临的问题。

第二，进一步询问更多的问题，清楚地了解客户看到的地毯污渍。比如：“非常抱歉听到您在我们酒店遇到了这样的问题。请您详细描述一下您看到的污渍情况，这样我们才能更好地了解并解决问题。”这个过程中也要感谢客户提出来这个问题，让你们及时发现，并且告知对方，他们的问题是有助于我们改进服务的，他们的反馈和意见非常重要。

第三，表达自己的歉意，并向客户保证我们会立刻采取措施解决问题。比如提供额外的补偿等。

第四，确保客户的满意度并给出承诺。这个步骤是为了确保解决方案有效，并且确保客户接受。

只要我们调整一下沟通的方式，就可以成功避免矛盾升级，同时会给客户留下不错的印象。

处理客诉的话术技巧

在处理客户投诉时，我们还可以使用一些话术技巧去提升效果，下面通过 5 种话术技巧，帮助你更好地处理客户的投诉，提高客户满意度。

移情法

移情法是通过换位思考，真正站在客户的角度去理解问题，从而表达我们对客户的关心和共情。通过表达对客户的感受和需求的共鸣，我们可以建立与客户的情感连接，增加解决问题的动力。

比如："我明白这给您带来了不便，我能感受到您的失望。请您放心，我们会尽快解决这个问题。"

"遇到这样的情况，我也会很着急……"

"我对此感到遗憾……"

三明治法

处理客户投诉时，三明治法是一种常用的话术技巧。这种方法的基本理念是在正面的肯定和负面的问题之间交替进行，最终以正面的肯定作为结束。这样做可以减少客户的防御心理，使其更容易接受问题的存在，并增加对解决方案的接受度。

比如："您好，首先感谢您抽出时间向我们反馈，您的意见对我们非常重要。同时，我想先对您提出的房间清洁问题表示诚挚的歉意，我们非常重视您的体验，会立即安排清洁人员进行全面清洁。再次感谢您的反馈，我们会努力改进我们的服务水平，确保每位客人都能得到满意的体验。"

谅解法

谅解法是承认错误，道歉并表示谅解，以平息客户的怒气和不满，缓解客户的情绪，为解决问题创造一个更平和的环境。建议在道歉过程中不要使用转折话术，因为一旦我们使用了转折，客户就会把注意力都集中在转折后的内容，而忽略了我们表达的歉意，就会容易激发起他们的抵触情绪，不利于投诉顺利处理。

比如："我很同意你的观点，同时我们考虑到……"

要避免说："您说的很有道理，但是……"

3F 法

3F 法是指在处理客户投诉时，利用从众心理来取得客户谅解的有效沟通技巧。它主要通过对比投诉客户与其他客户的感受，以及展示其他客户对问题处理方式的满意度，来引导客户采取相似的解决方案。具体方法如下：

第一步认同客户的感受："非常抱歉给您带来了不便，我能理解您现在可能感到很失望。"

第二步展现其他客户的感受："其实，之前也有其他客户向我们反映过类似的问题，他们当时也感到有些不满。"

第三步给出解决方案："后来，我们为他们提供了一些解决方案，他们最终都表示很满意。我相信我们也能为您找到一个令您满意的解决办法。"

引导征询法

引导征询法是通过开放式问题引导客户表达意见和需求，并积极倾听，以获得更全面的信息。通过主动询问和倾听，我们可以更好地了解客户的问题和期望，从而提供更符合其需求的解决方案。

比如："请告诉我更多关于您遇到的问题的细节。"

"您希望我们如何解决这个问题？"

"您还有其他的需求或建议吗？"

面对客户的投诉，我们不应视为麻烦，而应将其视为改进和成长的机遇。在处理客户投诉时，我们应以开放的心态倾听，用同理心去理解，用实际行动去解决问题。客户的满意是我们服务的终极目标，也是我们赢得口碑的关键，让我们用心倾听，用行动说话，赢得客户的信任与满意。